「病気にならない家」6つのルール

からだの不調の原因は
あなたの家にある

住環境アドバイザー
上郡清政

KKベストセラーズ

「病気にならない家」６つのルール

上郡 清政

はじめに

「なんていいかげんな世界だ、これでは幸せな暮らしなど、見えてこないじゃないか！」

これが、この住宅業界に入ったときの第一印象です。

暖かい家、涼しい家とうたいながらも、その根拠となる数字がわからない。

絶対的な基準もわからず、他との相対的な比較もない。

なぜ、こんなにもいいかげんなのか、とひとり憤ったものです。

その想いが、「体にいい家」の追求に私を駆り立て、同時に「病気になってしまう家」へ警鐘を鳴らすという、私の半生をかけた今の仕事につながっています。

ご挨拶が遅れました。この本を手に取っていただき、誠にありがとうございます。

私は住環境アドバイザーの上郡《かみごおり》清政《きよまさ》と申します。

本の冒頭から恐縮ですが、私はあえて、家の買い手の方にも苦言を呈したいと思います。

なぜ、あなたの健康だけでなく、家族の健康にも大きな影響をあたえる家を、性能・品質も確認しないで買ってしまうのか。

１００円の品物でも賞味期限など品比べするのに、です。

よく家は「一生で一番大きな買い物」といいますが、金額の問題以上に、体の健康、ひいては心の健康にまで影響するのが家なのです。

家の品質に無頓着だと、あなたとあなたの家族は、健康に悪影響を被ります。

生涯でもっとも摂取する物質である「室内空気」。

免疫力の低下を招く「足元の冷え」。

心身に悪影響を与える「温度のムラ」。

放置すると確実に体をむしばむ原因となる「湿度」。

なんとなく知っていながらも目をそらしがちな「有害物質」。
ストレスと深い関係がある「騒音」。

これら6つの要素は、その家に住む人の「病気の原因」そのものになりえます。だからこそ、決してイメージやブランドだけで家を買ってはいけないものなのです。

でも、ご安心ください。あなたの家族をこうした悪影響から守る方法は、実はそれほど難しいことではありません。

その方法はシンプル。
「6つの要素についての数字を知ること」
これだけです。
数字を知り、絶対的な基準や、他の家との比較ができれば、誰でも安全かどうかの判断ができる。

世の中には、自動車なら自動車学校。料理なら料理学校があります。

なのに家づくりの学校はどこにもない。
家の広告はイヤというほど目にするが、確かな知識を得るところがない。
ならば、それを皆さんにお伝えしたい。
それがこの本の内容そのものであり、私が執筆を決意した動機でもあります。

家の第一の役割は「人を救い、守ること」であるはずです。
ならば売り手の情報を鵜呑みにせず、買い手もしっかり知識武装して、自分と家族を守っていただきたい。

病気になりにくい家。なっても早く治る家。
そして玄関ドアを開ければ、いつもホッとする住み心地が備わった家。
それが、私が考える「家」であり、あなたに住んで欲しい「家」なのです。

本書が、あなたと家族を守る家との出会いのきっかけになることを、確信しています。

目次

1章 「室内空気」があなたを病気にする 31

2章　「足元が冷える家」があなたを病気にする　55

3章 「温度にムラがある家」があなたを病気にする 77

4章 「湿度が高い家」があなたを病気にする 105

5章 「薬害がある家」があなたを病気にする 133

6章 「音がうるさい家」があなたを病気にする　161

終章 「良い家」を建てたければ数字を知ろう 181

序章
家があなたを病気にする

家があなたを病気にする

同じ生活をしていても、病気になる人、病気にならない人がいるように、人にはそれぞれ「体質」があります。たとえば、緊張すると胃が痛くなる体質の人もいれば、汗がとまらなくなる体質の人もいるでしょう。

こういった体質は、生まれつきの遺伝的な要因と、生まれてからの環境的な要因によってつくられます。環境的な要因というのは、食事や運動などの生活習慣のほか、私たちを取り巻く生活環境の影響だったりします。

つまり私たちの体は、生活する場所に大きく影響されるわけです。

▼家の環境が「病気体質」をつくる

では、私たちが生活のなかで、もっとも長い時間を過ごす場所はどこだと思いますか？

それは、自分が住む家です。

ＮＨＫ放送文化研究所や総務省統計局の調査によると、人は人生の約60パーセントを自宅のなかで過ごします。

そのため、家のなかの環境が悪ければ、それが体への負担となり、病気になりやすい体質をつくってしまう可能性が高いのです。

それなのに、日本の住宅のほとんどは、体への影響を無視したものばかりです。みなさんだって、家を建てるときや、借りるときに「健康にいい家か」「病気になる家か」などと考えたことはないと思います。

家のなかでふつうに生活をしているだけで、知らず知らずのうちに、体がむしばまれているとしたら？　そう考えると恐ろしくなりますよね。

あなたが「生まれつきの体質」だと思っていることも、もしかしたら、家の悪影響によってつくられたものかもしれないのです。

▼家の断熱性能が低いと、血圧が高くなる

たとえば、血圧と室温の関係。

オムロンヘルスケア株式会社と慶應義塾大学理工学部（伊香賀俊治教授）、自治医科大学

循環器内科学部門（苅尾七臣教授）、OMソーラー株式会社は、室温が血圧に与える影響について共同研究を行いました。

そのなかで、断熱性能が高い家と低い家では、住民（50歳以上）の血圧にどのような差があるのかを調査しています。その結果、断熱性能の低い住宅の住民の場合は、最高血圧の平均が128・8mmHgであったのに対し、断熱性能の高い住宅の場合は、121・0mmHgと低くなっていたそうです。

また、床から1・1mの室温が20℃の場合、最高血圧の平均が127mmHgであったのに対し、室温が10℃にまで下がると、最高血圧の平均は132mmHgになり、血圧が5mmHg上昇することもわかりました。

このことから、断熱性能が低く、冬、寒い家は、高血圧になりやすいということが予測できるのです。

▼冬、風邪をひくのは「当たり前」ではない

冬、寒い家は「風邪をひきやすい体質」の原因にもなります。

「朝、起きたらのどがイガイガして、風邪をひいていた」など、風邪は夜、睡眠中にひく

ことが多いというのは、みなさんも経験的にご存じのはず。これは、睡眠中は、体温が下がって免疫力も低下するためだけでなく、起きているときよりも口や鼻の粘膜が乾燥しやすいこと、暖房なども消して寝る人が多いため部屋の温度が低くなることも原因です。

冬の風邪ウイルスは寒さと乾燥が大好き。温度が低く、乾燥していると活発に活動し、繁殖しやすくなります。そのため、夜寝ている間に、感染しやすくなるのです。

こういうと「冬なんだから、寒くて乾燥しているのは当たり前じゃないか」という人もいるでしょう。でも本当にそうでしょうか？　それでは住む場所に対して、わざわざ高い建設費や家賃を払っている意味がないと思います。

家は、人が安全に、快適に過ごすためにあるはずですし、住人を救い守るのが家の役目のはずです。冬の寒さや乾燥を防いで、一年中、心地よく暮らせなければ、家はその役割を果たしているとは言えないのではないでしょうか。これだけ科学や技術が進歩した現代で、温度や湿度を快適に保てる住宅環境を整えられないわけがありません。

実際、スウェーデンでは室内温度が18℃以上に保たれない家は、建築の許可がおりません。つまり、室内温度を温かく保つことは可能であり、海外では住宅が必ず備えておくべき機能だと考えられているのです。

▼室内空気がアレルギー疾患をつくる

高血圧や風邪以外にも、家が原因で発症する病気には、アレルギー性鼻炎・花粉症やアトピー性皮膚炎、ぜんそくなどのアレルギーがあります。

アレルギー疾患は、その患者数が急速に増加していて、いまや国民病ともいわれています。たとえば、ぜんそくの患者数は約８００万人と考えられていますし、２００５年におこなわれた全国疫学調査では、花粉症を含むアレルギー性鼻炎症状をもつ人は成人で47・２パーセントにものぼっています。なんと、日本の人口の約2人に1人が、何らかのアレルギー疾患に罹患しているそうです（リウマチ・アレルギー対策委員会報告書／２０１１年）。

現在のようにアレルギー性疾患が増えたのには、さまざまな理由が考えられていますが、そのひとつにあげられているのが住環境の変化です。

アルミサッシ窓の普及などによって住宅の気密性が高くなったことで、室内で発生した水蒸気が排出されにくくなりました。それがダニやカビを発生させることに。結果、ダニの糞や死骸、カビ菌などを含むハウスダストが増えて、それがアレルギーを引き起こす原因となるわけです。

そのほか、建材に使われている化学薬品によって汚染された室内空気も、アレルギーの原因になります。

アレルギー疾患を予防・改善するには、室内の空気をキレイに保つ工夫や仕組みをもつ家が必要なのです。

▼健康で長生きしたいなら、住環境の改善が必須

私自身も、家がいかに健康と密接にかかわっているか、経験として実感しています。

私は中学3年生のとき、台風によって実家が壊されてしまい、一時期、仮設住宅での生活を余儀なくされました。その仮設住宅で思い出されるのは、凍えるような寒さ。あまりにも寒いので、壁に何枚も新聞紙を貼り付けて生活していました。

また、その後引っ越しした住宅も、昔ながらの木造住宅で、すきま風が入って冬場はと

ても寒くなりました。部屋はストーブで温められたとしても、廊下に出ると震えるほど寒かったです。

そういった環境のなかで父親は腎臓病を患い、最終的には、人工透析を受けなければならなくなりました。私の勝手な推測ではありますが、住環境の悪さが病気を悪化させた原因のひとつだと思っています。

そして寒さなどの住みにくさは、看病する人にも大きな負担になります。人工透析を受けるようになった父は、ほぼ寝たきりの状態になっていたので、何をするにも介護が必要でした。とくにたいへんなのは冬場。1日に何度も冷たい廊下を通って、父の部屋へ様子を見にいかなければならず、寒さが身にこたえます。家族はどんどん疲弊していきました。人を病気にする住宅は、介護する人の身体や心にも悪影響を与えるものなのです。

また、私の次女は、小さいころからアトピー性皮膚炎を患っていました。

2歳からアトピー性皮膚炎になり、かきむしったことで全身傷だらけでした。さらに小児ぜんそくも患っていました。一時、この子は無事大きくなるのかと心配したものです。小児ぜんそくは水泳で克服できたのですが、アトピー性皮膚炎は、私のつくった家に入る高校二年生まで続いていました。

さきほども述べた通り、アレルギー疾患は、ダニやカビ、化学物質などによって室内空気が汚染されていることで引き起こされる場合があります。次女の場合もそうでした。

その証拠に、私が新しく建てた「病気にならない家」に引っ越ししてからは、そこに2か月住んだだけで、あれだけ苦しんだアトピー性皮膚炎がきれいに治ってしまったのです。

このことだけでも、住宅環境がいかに人の体に大きな影響を与えるかがわかっていただけると思います。

「健康で長生きしたい」というのは、多くの人たちの願いです。そのような人々の思いを反映するかのように、毎年新しい健康法が話題となり、病気や健康法をとりあげるテレビや雑誌も増えています。

みなさんのなかにも「体にいい」と言われる食べ物を食事に取り入れたり、ジョギングやヨガなどの運動をしたり、健康に気を使っている人も多いでしょう。でも、いくらさまざまな健康法を試しても、人生の半分以上を過ごす家が「体に悪い」環境だったら、健康になれるわけがありません。
病気になりたくなければ、住宅環境を見直すことが絶対に必要なのです。

人が病気になる家は、家の寿命も短い

実は、国も約50年前から、家と人の健康のかかわりについて着目しています。

住宅に「健康」という概念を持ち込んだはじめての文献は、1966年、当時の厚生省課長補佐だった上田博三さんが発表した「厚生省公害審議会中間答申」です。そのなかには、「健康的な居住水準の具備すべき条件」として、「日照、採光、通風、温湿度、騒音、室内換気」などに対する配慮が必要だと明記されています。

これをきっかけにして、1970年には「建築物における衛生的環境の確保に関する法律」が制定され、大勢の人が利用する学校や店舗などの建築物を維持管理する場合に必要な、環境衛生上の決まりが法律として制定されました。そして1995年には、「快適で健康的な住宅に関する検討会議」が開かれ、「快適で健康的な住宅に関するガイドライン」がまとめられています。

私が副理事長を務める「NPO法人　健康住宅普及協会」も、こういった流れのなかで発足したもの。現在も、人の健康に配慮した家造りの普及に努めています。

▼残念な日本の住宅事情

けれども、残念ながらこのような取り組みは、いまだ住宅業界全体に広がっているとは言えません。

日本の大手住宅メーカーの多くは、現在も、健康的に暮らせる住宅より、デザイン性が高く見栄えのよさを重視した家をつくり、販売しています。それは、消費者がそれを求めるからというのもひとつの理由でしょう。

でも理由はそれだけではありません。実は、人が病気にならない家と病気になる家では、家の寿命に大きな差があるのです。

たとえば、アレルギー疾患と家の関係のところでもお話ししましたが、現代の家の多くは、気密性が高いため、室内で発生した水蒸気が外に逃げず、家のなかに溜まって結露になります。結露はカビ・ダニが繁殖する原因になるだけでなく、家の土台や柱などの躯体を腐らせたり、金属類などもサビさせたりする原因にもなります。つまり、人が病気になる家は、いたみやすく、寿命が短いのです。

家の寿命が短ければ、当然、早く建て替えが必要になります。つまりその分、住宅メーカーは儲かるというわけです。

事実、日本の住宅は世界的にみて、とても寿命が短いことが知られています。1996年の建設白書によると、日本の一戸建ては平均26年で大規模な修繕が必要なのに比べ、イギリスでは75年、アメリカでは44年のサイクルで住宅を取り壊すそうです。

家は「一生に一度の大きな買い物」と言われますが、30年で立て替えが必要ならば、一生安心して暮らすことは難しいでしょう。

家の寿命を延ばして、無駄な出費を防ぐためにも、「病気にならない家」づくりが重要になるのです。

健康な家のために必要な4つのポイントと6つのルール

では、「病気にならない家」「健康に過ごせる家」とは、どんな家なのでしょうか。そこでポイントとなるのが温度・湿度・空気・音の4つです。

▼温度・湿度・空気・音が4大条件

先に述べた「室温と血圧」「室温・湿度とウイルス」「室内空気とアレルギー疾患」から

もわかるとおり、温度、湿度、空気の変化によって、体の調子も変化します。

具体的には、室温や湿度が低すぎたり、高すぎたりすれば体調を崩しますし、室内の空気が汚れていれば、大気汚染による公害と同じように、病気になるのは当たり前のことです。

さらに、配慮すべきなのが「音」です。

車や電車の走る音や、隣や上の階の音など、不快な音が聞こえてきたり、反対にテレビの音や家族の声など聞きたい音が聞こえなかったりすると、それは大きなストレスになります。ストレスは知らず知らずのうちに蓄積して、心身の不調を引き起こすもの。ストレスが少ない生活を送るためには、生活環境の音にも配慮が必要です。

以上のように、心身にやさしい温度・湿度・空気、そして音の適切な大きさが保てることが、病気にならない家に必要な条件と言えます。

▼実践すべき6つのルールとは？

以上の4つの条件をクリアするためには、具体的にどんなことに気をつければよいのかというと、それは以下の6つです。

1. 室内空気の入れ替わりがスムーズ
2. 足元が温かい
3. 温度にムラがない
4. カビ・ダニが少ない
5. 薬害がない
6. 騒音がない

この6つのルールについては、1章からくわしく解説していきます。

ただ、勘違いしてほしくないのは、今お住まいのみなさんの家から、6つのルールをクリアする家に「建て替えなければいけない」「引っ越さなければいけない」というわけではありません。もちろん、建て替えや引っ越しができれば、ベストかもしれません。しかし、今住んでいる家に生活したままでも、工夫や努力次第で、今よりもずっと健康的で、

「病気にならない家」をつくることができます。
1章～6章に具体的な対策を記しているので、一つひとつ実践してみてください。

1章

「室内空気」が
あなたを病気にする

生涯でもっとも多く摂取する物質は「室内空気」

人は、1日24時間、365日、常に空気を吸って、吐いて、生きています。1日の呼吸数はおよそ2万5000回で、1回の呼吸量は約0・6リットルです。
空気1リットルの重さは、約1・2グラムなので、「0・6×2万5000×1・2＝18000（グラム）」。つまり、人は毎日、約18キログラムの空気を吸い込んでいることになります（東京都福祉保健局「改訂版　住まいの健康配慮ガイドライン」より）。

一方、人が1日でとる食べ物の量は約2キログラム、水分は約2キログラムと言われています。私たちは、食事や飲み物よりもずっとたくさんの空気を体に取り入れているのです。

▼体に入る「空気の質」に注意

そして、空気のなかでも、一番多く体内に摂取しているのは、どこの空気でしょうか。もうみなさんおわかりですよね？　家の室内の空気です。

序章でも述べましたが、人は寝る時間も含めて、人生の約60パーセントを家のなかで過ごします。そのため、体に摂取する物質のなかでもっとも多いのが室内空気なのです。

とはいっても、空気は目に見えませんし、味がありませんから、「自分はたくさんの空気を摂取している」と自覚している人は少ないでしょう。

食べ物なら、カロリーや栄養バランス、産地やブランド、使われている農薬など、さまざまな点をチェックして自分が食べるものを選んでいるはずです。水道の蛇口には浄水器をつけている人、ミネラルウォーターを購入している人も多いと思います。それなのに、同じように口から摂取している「空気の質」については無頓着なんて、おかしなことです。

質の悪い空気が体に入れば、体の調子が悪くなるのは、当然のこと。それならば、室内空気の質にもこだわるべきではないでしょうか。

室内空気は外の空気より汚れている！

「空気の質」は目で見て確認できないですから、自分の家の室内空気がきれいなのかどうか、わからないという人がほとんどでしょう。

しかしながら、ここで残念なお知らせがあります。日本のほとんどの家の空気は、外の空気よりも汚れていると考えるべきです。

▼日本の家は、換気能力が低い

日本の家は古来より「風通しのよいこと」を第一条件としてつくられてきました。夏の蒸し暑さや湿気を外へ逃がすためです。たとえば、昔ながらの日本家屋は、部屋と部屋はふすまで仕切られていて壁がなく、ふすまを開けると、家全体を風が通り抜けるようにつくられていますし、床下が高くなっていて、家の下も空気が流れるようになっています。

そのため、空気の入れ換えが自然にできていたのです。

しかし冷暖房器具の発達・普及などにともない、家には高い気密性・断熱性が求められるようになりました。そのため現代では、すき間が少なく、風通しのよくない家が増えています。

それなのに長年、昔ながらの風通しのよい家に住んできた日本人は、今でも「室内空気は自然に入れ替わっている」と考えている人が驚くほど多いのです。

そんななか、２００３年に改正された「建築基準法」では、室内の空気の入れ換えを自動的に行える「24時間換気システム」の設置が義務づけられるようになりましたが、それも、十分に機能していない家が多いのが現実です。

十分な換気量を確保するためには、家の状態に合わせた設備を選び、設置場所を考慮するなど、専門的な知識や技術が必要ですが、その両方を備えた業者はあまりいません。そのため、法令で決められた換気システムを、とりあえず設置しただけの家も少なくないのです。

また、「換気すると寒いから」とスイッチを切ってしまうなど、正しく利用していない人も多いようです。これでは24時間換気システムをつけている意味がありません。

▼室内空気を汚す犯人は？

換気が十分でないと、室内空気はどんどん汚れていきます。

まず問題なのは、部屋で発生した水蒸気が家のなかにたまってしまうこと。暖房器具や調理器具、お風呂、また人の体からなど、家のなかではいろいろなところから水蒸気が発生します。換気が十分に行われていれば、水蒸気もいっしょに外へと出て行くのですが、換気が不十分だと、部屋のなかに水蒸気がたまり、結露の原因に。カビやダニが発生し、ダニのふんや死骸、カビの胞子などによって室内空気が汚染されてしまうのです。

そのほか、合板やフローリングなどの建材や壁紙、接着剤、塗料などに使われている化学物質から発散される気体（ホルムアルデヒドなど）や、石油ファンヒーターやガスファンヒーターなどの燃焼系暖房機器を使うと発生する一酸化炭素なども空気を汚す原因に。また、人が吐き出す二酸化炭素も増えすぎると、体調に悪影響を及ぼします。

二酸化炭素濃度が日平均750ppmを超えると、体調によっては健康被害を心配する必要があると言われています。

以前、換気が十分に行われていない家の二酸化炭素の量を6日間測定したところ、そのような日が毎日のようにあった結果が得られたこともありました。ひどい日は測定器の計測域を超したときもありました。

一般的に二酸化炭素の濃度が1000ppmを越えると、体調によっては、頭痛・めまい・吐き気などの健康被害が起こる可能性もあると言われています。

室内空気をきれいにする方法として、空気清浄機の利用を考える人もいるでしょう。昔にくらべれば格段に性能があがり、多くの家庭に普及している空気清浄機ですが、残念ながらそれだけで、家中の空気をきれいにしようと思ったら、その分、台数も必要ですし、少しでもメンテナンスをサボれば十分な効果がなくなります。そう考えると現実的な方法ではありません。

室内空気をきれいにするには、適切な換気が必須です。換気が十分に行われていないと、室内空気には人の体に悪影響を与えるさまざまな物質が増えてしまうのです。

ひとりが風邪を引くと家族全員にうつる家は危ない!

家族の誰かひとりが「コホン、コホン」と咳をし出すと、ひとり、またひとりと風邪がうつっていって、結局、家族全員がダウン……ありがちな光景です。

しかし実は、これも換気不足で起こる現象のひとつ。

「1回の咳で、約10万個のウイルスが2メートル飛ぶ」「1回のくしゃみで約100万個のウイルスがばらまかれる」と言われます。そのまま風邪やインフルエンザのウイルスがそのまま室内を舞っていたら? 住んでいる人全員が感染してしまうのも時間の問題です。

そうならないためには、マスクなどでウイルスの飛散を防ぐと同時に、換気をしてウイルスを外へ逃がし、部屋のなかに新鮮な空気を取り入れなければいけません。

▼「独特のにおい」がある家も要注意

人の家にお邪魔すると、その家独特のにおいを感じることが多々あります。こういう家も、換気が不十分な可能性大。

食べ物や台所の生ゴミ、タバコ、ペット、トイレ、カビ、そして人間の体臭など、家にはさまざまな「においの元」があります。それらが混ざり合って、その家ならではのにおいをつくっています。

たとえば、育ち盛りの男の兄弟がいる家にお邪魔すると、ちょっと汗臭いようなツンとしたにおいがすることがあります。また、梅雨のシーズンなら、洗濯物の生乾きのようなにおいを感じたりもしますね。

もちろん、十分に換気されていれば、そんなにおいが残ることはありません。室内空気がにおうということは、換気が不十分である証拠でもあるのです。

ただ、自分の家のにおいは気づきにくいもの。もしかしたらあなたの家にも、「独特のにおい」があるかもしれません。

それを確かめるには、外出から帰ったとき、意識してにおいをチェックしてみてください。玄関を開けた瞬間に、家のなかのにおいをかいでみるのです。

そのとき少しでも「ん？」とにおいを感じたら、換気の方法を見直すべきです。

また、換気の方法を改善してからも、「家のにおいチェック」は習慣にするとよいでしょう。室内空気のちょっとした変化にも敏感になれます。

汚れた室内空気があなたの体をむしばむ

きちんと換気をしないと、室内空気が汚染されてしまうことはおわかりいただけたかと思います。

では、汚れた空気は、私たちの体にどんな悪影響を与えるのでしょうか。

▼汚れた空気は解毒されないまま全身へ

口から入った空気に含まれるほこりや細菌は、気管支から分泌される粘液によって洗い流され、食道から胃へ送り出されるようになっています。しかし、汚染がひどければその機能が追いつかなくなりますし、化学物質などはそのまま気管支から肺へと送られてしまいます。すると、気管支炎や気管支ぜんそく、肺炎、肺機能低下など、アレルギーを含めた呼吸器系の病気を引き起こす可能性があるのです。

とくに怖いのが肺の病気。喫煙が肺の病気を引き起こすことからもわかる通り、汚れた空気は、肺にダメージを与えます。

肺へと続く気管支は枝分かれしていて、その先には小さな肺胞という球状の器官があり、ぶどうの房のようになっています。この肺胞で、酸素と二酸化炭素の交換が行われています。

しかし、タバコの煙などの汚れた空気が入ってくると、肺胞は徐々に破壊されてしまいます。一度こわれた肺胞は元には戻りません。肺胞の破壊が進むと、呼吸がうまくできなくなることもあります。

また、解毒されないまま肺に取り入れられた酸素は、血液に溶け込んで全身を巡ります。最終的には脳にまで到達して、中枢神経にも悪影響を与えると言われています。汚れた空気を吸い続けると、全身がむしばまれてしまうのです。

室内空気をきれいにするには1日12回の換気が必要!?

換気が不十分で、室内空気が汚れている家は、住んでいる人を病気にします。では、室内空気を常にきれいに保つためには、どのくらいの換気が必要なのでしょうか。

▼2時間に1回、空気を入れ換える

一般的に、人ひとり当たりに必要な換気量は、30㎥/hと言われています。これは、室内の二酸化炭素濃度が1000ppm（0・1パーセント）を越えないように保つために必要な換気量（コラム参照）。1時間に30㎥の空気を入れ換えれば、室内空気をきれいに保てるというわけです。

この数値をもとにすると、1日に必要な換気回数を求めることができます。

たとえば、家族で暮らす一般的な住宅の広さを30坪と仮定すると、その住宅の空気量は240㎥程度。

ここに家族4人で住んでいる場合、換気回数は「4人分の必要換気量／住宅の空気量」で計算できますから、(30㎥／h×4(人))÷240(㎥)＝0・5回／hとなります。

つまり1時間に0・5回(2時間に1回)換気をする必要があるということ。1日は24時間ですから、1日12回空気を入れ換えなければならないということになるのです。

ただし、これは気密性の高い住宅を対象とした、あくまでも目安の数字です。もともと気密性が低い住宅であれば、これほど頻繁な換気は必要でない場合もあります。また、1日12回窓を開け閉めして空気を入れ換えるのは現実的ではありませんし、過度な換気は室温の変化を大きくして、かえって人の体に負担になることもあるので注意が必要です。

とはいっても、室内の空気をきれいにしようとすれば、思った以上に換気をする必要があるということは頭に入れておいてほしいと思います。

>>>>>>>> コ ラ ム <<<<<<<<

1人当たり、なぜ30m³/hの換気量が必要なの？

必要な換気量を求めるためには、「きれいな室内空気」の定義が必要です。その目安となるのが二酸化炭素の量です。一般的に、空気中の二酸化炭素が1000ppm(0.1パーセント）以下であれば、人が生活するうえで問題のない室内空気であると考えられます。対して外気の二酸化炭素の濃度は350ppm(0.035パーセント)です。

人は活動時、0.02m³／hの二酸化炭素を吐き出しますから、室内空気の二酸化炭素の濃度が0.1パーセントを超えないようにするために必要な換気量は以下のように求められます。

人ひとり当たりに必要な換気量＝
人の二酸化炭素の排出量÷
(二酸化炭素の許容量−大気中の二酸化炭素濃度)

↓

約30m³／h・人＝0.02m³／h÷(0.1%−0.035%)

自然に空気が入れ替わる家にしよう

先にも述べた通り、現在、十分な換気ができる24時間換気システムが備わっている家はほとんどありません。それでも、1日12回換気するのと同じくらい、空気の入れ換えをスムーズに行うためには、室内空気が自然に、効率よく循環するようにする工夫が必要です。

▼対角線上の窓を開けて

まずは、空気の入り口と出口をつくること。家の対角線上にある窓の2つを開けておきます。それも全開にする必要はなく、10センチ程度で十分です。

空気は一方通行なので、1カ所窓を開けても、換気扇ひとつ回しても、空気がスムーズに入れ替わりません。空気が入ってくる給気口と、空気を外へ送り出す排気口がそれぞれ必要なのです。

2階建て住宅の場合は、対角線上にある1階と2階の窓を開けます。部屋で温められた空気は上昇するので、1階から新しい空気が入って、汚れた空気は2階の窓から出るようになります。

開ける窓の位置を決めるとき、参考にしてほしいのが、その地域の風向き。夏は南風、冬は北風など、季節によっておおよそ同じ方向から風がふいてくるので、その風向きに合わせて、2つの窓を開ければ、スムーズに空気の入れ換えができます。

また、換気扇を利用するのもひとつの方法。

1カ所窓を開けて、キッチンやトイレ、お風呂など、窓から一番離れたところにある換気扇を24時間稼働させておくのです。換気扇が空気の出口になり、部屋の汚れた空気がスムーズに外へ排出されます。

ただ、換気扇の位置によっては、家全体の空気がうまく循環せず、空気の排出がうまくできない部屋ができてしまう場合もあります。すべての部屋の空気がきちんと入れ換わっているか、においをチェックするなどして、確認が必要です。

▼ドアは閉めるな！

せっかく、窓を開けたり、換気扇を回したりしても、部屋のドアが閉まっていたら、空気は循環しません。

部屋のドアはドアストッパーなどを使って、少し開けておくようにするのがベストです。子ども部屋や書斎などプライベートな空間は、使用しているときだけドアを閉めるようにします。

また、部屋のドアだけでなく、下駄箱やクローゼット、トイレなどのドアも開けておきましょう。

そうすることで、カビ・ダニ、いやなにおいの発生を防げます。大事な革のジャケットにカビが！　なんてこともなくなりますし、クローゼットの防虫剤や吸湿剤も必要なくなります。

▼朝や来客後などは、窓を全開に

ただ、睡眠中や家を留守にしているときは、さすがに窓を開けっ放しにはできませんよね。そういうときは、朝起きたとき、外出から戻ったときに、各部屋の窓を開けて、空気の入れ換えをするのがベスト。

寝ている間も人は二酸化炭素を排出していますし、湿気もたまります。また、換気せずに閉めきった状態の室内では、5時間ほどで室内化学物質濃度は最大になると言われています。

ですから、こもった汚い空気を外に逃がすため、各部屋の窓を全開にするのがよいのです。ただ、長時間開けている必要はなく、5分で十分。それ以上開けていると、必要な熱が逃げたり、いらない熱や屋外のカビ菌などが入ってきたりするので逆効果です。

また、来客などで人がたくさん集まったときには、それだけ空気が汚れるのも早くなります。そういう場合も、来客が帰ったあと、窓を全開にして一気に空気を入れ換えるとよいでしょう。

空気の流れをつくる家電の上手な使い方

さきほども言ったように空気清浄機だけで、家中の換気を行うのは不可能ですが、上手に使うことで、空気をきれいに保つサポートにはなります。

▼空気清浄機はどこに置くのが正解?

空気清浄機を使う場合は、家の給気口の近くにおいて、外から入った空気をできるだけきれいにしてから、家のなかへ送り出すようにします。窓を2カ所開けて換気する場合は、風向きを確認して、風上にある窓の近くに空気清浄機を設置しましょう。1階と2階の窓を開けている場合は、1階の窓の近くに置きます。

また、入ってきた空気がスムーズに家のなかを循環するように、家の給気口の近くに扇風機を置くのも効果的です。

▼冷暖房器具の使い方

家の給気口に置くとよいのは、空気清浄機や扇風機だけではありません。冷暖房器具も給気口の近くに置くと、温度・湿度の管理がしやすくなります。

冬、寒い時期は、空気の入り口からは外の冷たい空気が入ってきます。そのまま家のなかに入っていけば、室温が下がり、快適に過ごすことができません。でも、給気口の近くに暖房器具を置いて、入ってくる空気を温めれば、室温が下がるのを防ぐことができます。

湿度の高い時期は、給気口から入ってきた湿気の多い空気を除湿できれば、換気しながらも家のなかの湿度上昇を防げます。空気の入り口の近くにエアコンが設置できるとベストです。

ただ、クーラーは設置する位置が限られますし、移動が難しいので、給気口と位置を合わせるのは難しいことも多いと思います。その場合は、扇風機を使って空気の流れをつくるだけでも、暑さをやわらげることができます。そのとき、天井のほうに暑い空気がたまらないように、扇風機を少し上に向けるようにするとよいでしょう。

住み替えやリフォームでの換気対策は？

住み替えやリフォームの際にも、「病気にならない家かどうか」「病気にならない家にするには？」とぜひ意識してほしいものです。まずは、換気の確認をお忘れなく！

部屋探し、家探しをしている人は、物件の内見をする際、きちんとした換気設備が整っているかどうかをチェックしてください。

簡単なのが、担当の営業マンに「空気の入り口と出口はどこですか？」と訪ねる方法。その際、きちんと答えられない場合、その家の換気性能は、あまり期待できないと思ってよいでしょう。

自分で換気状況をチェックするのであれば、確かな24時間換気システムが備わっている場合、棒の先に細切りしたティッシュペーパーなどをくっつけ、それを給気口に当ててみてください。なびいていれば空気が入ってきている証拠です。

排気を確かめるには、A4用紙などを排気口に当ててみてください。しっかり紙が吸いつくようだと排気している証拠。

ただ単に換気の有無を調べたいならば、台所、トイレ、お風呂の換気扇を動かし、空気の取り入れ口に手をかざしてみてください。手のひらに空気の流入を感じれば一応合格です。

▼リフォームするなら窓を替えて

リフォームをする方におすすめしているのが、給気口と排気口として、「内開き・内倒し窓」をつけることです。

内開き・内倒し窓とは、窓の上部が内側に開く窓のこと。この窓であれば、開けっ放したままでも人が入ってくる心配はありませんし、雨水も入ってきにくいので、換気しやすくなります。

2章
「足元が冷える家」があなたを病気にする

足が冷える家は、免疫力の低下を招く

ある学説によると、私たちの体には、1日約5000個ものがん細胞ができるそうです。でも、すべての人ががんになるわけではありませんよね。

その主な理由は、毎日、毎日、免疫細胞（リンパ球）ががん細胞を退治してくれているから。免疫細胞はがん細胞をみつけると、「体に不必要な異物」と判断して、攻撃します。そこで5000個ものがん細胞が死滅すれば、がんにはならないのです。

反対に、免疫細胞の力が及ばず、がん細胞が生き残ってしまったら、がん細胞は増殖していって、がんが発症します。

がんになるか、ならないかは、主にあなたの免疫力にかかっていると言っても過言ではないわけです。

そして恐ろしいことに、日本のほとんどの家は、人の免疫力を低下させます。ただ家にいるだけで、がんなどの病気になりやすい体になってしまうのです。

▼床の冷たさが体温と免疫力を奪う

なぜ、あなたの家が免疫力を低下させるのか。それは、家のなかの寒さや冷たさが原因です。体が冷えると、免疫力は低下してしまうのです。

序章でも紹介しましたが、スウェーデンでは、室温を18℃に保てない家は、建築許可が下りません。ところが日本には、そういった温度に関する基準や規制が設けられていないのが現状です。そのため、日本のほとんどの家は、秋から冬、外気温が下がるとともに室温もどんどん下がって、寒さを感じるようになります。

とくに、問題なのが足元の冷え。冬、いくら暖房器具を使っても、「足元が暖かくならない」「床が冷たい」と感じる人は多いのではないでしょうか。

床は家のなかで唯一、体が直接触れる部分です。そこが冷たければ、直接的に、体の冷えや低体温につながります。

体の血液は、重力の関係で、約70パーセントが下半身に集中しています。そのため、足元が冷えると、全身の血流が悪くなり、体全体が冷えてしまうのです。

▼体温が1℃下がると免疫力は30パーセント低下

ではなぜ、足元から体が冷えると、免疫力が低下してしまうのでしょうか。

リンパ球などの免疫細胞は、異常な細胞が見つかると血液によってその場に運ばれ、その異物を攻撃します。ところが、体が冷えると血行が悪くなりますから、リンパ球が運ばれにくくなってしまうのです。

また、体が冷えると細胞にあるミトコンドリアの機能が低下し、これも免疫力低下につながると考えられています。

ミトコンドリアとは、細胞にある小さな器官で、エネルギーや熱をつくり出す働きがあるほか、細胞の新陳代謝にもかかわっています。不要になったり、異常が起こった細胞のアポトーシス（自然死）をコントロールしているのがミトコンドリアなのです。ミトコンドリアの機能が低下すれば、異常な細胞が排除されずに残り、病気を引き起こす原因になります。

また最近では、インフルエンザやC型肝炎ウイルスなどに対する免疫反応にも関係していることがわかってきています。

以上のように免疫力にかかわる重要な働きを持つミトコンドリアですが、37℃前後のときにもっとも機能すると言われています。つまり、体が冷えて体温が下がると、ミトコンドリアの働きが悪くなって、免疫力も低下するということ。

「体温が1℃下がると、免疫力は30パーセント低下する」という説もあります。

足元から体が冷える家は、住んでいる人の免疫力を衰えさせ、さまざまな病気を引き寄せてしまうのです。

医師で『体温を上げると健康になる』の著者である齋藤真嗣先生によると、体が冷えて低体温になると、肌荒れ、便秘、歯周病、胃潰瘍、糖尿病、骨粗しょう症、潰瘍性大腸炎、がん、メニエール病、間質性肺炎、パーキンソン病、認知症、アトピー、花粉症など、多くの病気にかかる危険性があるそうです。

また、アトピー、花粉症といった一度発症すると完治の難しいアレルギー疾患も、低体温によって発症・悪化する危険性もあるそうです。

足元の温度が低いと血圧は上昇する

足元の冷えは、血圧にも悪影響を与えます。

血圧が室温とも大きな関係があることは序章でも紹介しました。寒い家に住んでいる人の起床時血圧が高いという研究結果もあるように、家の寒さは高血圧を誘発する原因になるのです。

さらに別の研究によると、とくに、足元の室温が血圧の上昇に強く影響することがわかっています。

▼足元の室温が10℃低いと、血圧は122↓131に上昇

序章でも少し触れましたが、慶應義塾大学理工学部（伊香賀俊治教授）と自治医科大学循環器内科学部門（苅尾七臣教授）が、健康機器メーカーのオムロンヘルスケアと、省エネルギーシステムの開発・販売をおこなうＯＭソーラーとおこなった共同研究があります。

床から１・１ｍ付近（着席時の頭の高さ）の室温と、床から０・１ｍ付近（足元）の室温が血圧に与える影響について検証している研究です。

具体的には、首都圏の１００世帯・男女１８０人（35～74歳）を対象に、朝起きたときの室温と最大血圧を調査。その結果、床上１・１ｍの室温が10℃下がると、最大血圧が平均で５ｍｍＨｇ高くなるのに対し、足元の室温が10℃下がると血圧は９ｍｍＨｇも高くなりました。つまり、足元が冷えると、より血圧が上昇しやすいということがわかったのです。

室温と血圧の関係

〈床からの高さの 1.1m の室温と血圧の関係〉

室温	収縮期血圧（平均）
10℃	**132mmHg**
20℃	**127mmHg**

室温が10℃下がると、
血圧は5mmHg上昇

〈足元付近の室温と血圧の関係〉

室温	収縮期血圧（平均）
10℃	**131mmHg**
20℃	**122mmHg**

室温が10℃下がると、
血圧は9mmHg上昇

出典　OMRON ALL for healthcare「住まいと健康」に関する共同研究
室温が家庭血圧に与える影響についての実証調査を実施　2015.04.21

足元が冷える家に住み続けていると、今はまだ変化がなくても、将来、高血圧で薬を服用しなくてはならなくなるかもしれません。さらに、高血圧は自覚症状がないので、知らず知らずに進行しますから、放っておけば、動脈硬化が進み、突然死の可能性も。

そうならないためには、部屋全体の温度ではなく、足元を冷やさない工夫が必要なのです。

足元が温まらない日本の家の構造

日本の家はもともと、湿気対策として「風通しがよいこと」が重要視されていました。そのため、床下の空いている高床式の住宅がほとんどでした。つまり、床のすぐ下は外気だったわけです。これでは床が冷たいのも当たり前のこと。もともと日本家屋は床が冷たくて当然で、「足元を温かくしよう」という考えはないのです。

▼床下の水分が床を冷やす

関東大震災以降、「地震に強い家」が求められ、床下にコンクリートの土台が作られるようになってからもそれは変わっていません。

地面に接しているコンクリートの土台には、目に見えない小さな穴が開いているため、そこから地中に含まれる水分が吸い上げられ、コンクリートの表面が湿った状態になります。その水分が蒸発するとき、気化熱が奪われるため、温度が下がります。夏、道路に打ち水をすると、涼しく感じられるのも同じ原理です。打ち水をしたときと同じ現象が床下でも起こっているのですから、当然、家の床は冷たくなって、足元から冷えてしまいます。

マンションに関しては、戸建てよりは気密性が高く、比較的温かいと言われますが、それでも「足元が冷えないように」と考えられている部屋がないのは同じこと。

マンションでも、一戸建てでも、冷たい空気は下にたまりやすいので、冬は窓などから入ってきた冷気が、夏はエアコンで冷やされた空気が、足元を冷やす原因になります。

▼あなたの家の床は、湿っている!

また、日本のほとんどの家は、1章でお話した通り、換気が十分でない場合が多く、さらに、湿度が高くなりやすいという問題もあります（くわしくは4章へ）。

そのため、湿気の多い空気が室内にたまり、それが床で冷やされて結露を引き起こします。

つまり、床が「生乾き」のような状態になるのです。

生乾きの下着を着ていると体が冷えますよね？　それと同じで、気化熱によってさらに足元の温度が下がって、冷えるようになります。

足の冷えが女性の病気を引き起こす

昔から「冷えは女性の大敵」と言われます。とくに年配の人から、「下半身（足）は冷やさないように」と注意されることも多いのではないでしょうか。これには、きちんとした理由があります。

足を冷やすと、婦人科系のトラブルが起こりやすくなるからです。

▼冷えが不妊や月経痛の原因に

足で冷やされた血液は、おなかを通って心臓へと戻ります。そのため、子宮や卵巣が冷えます。また、全身の血行が悪くなり、子宮や卵巣への血流が滞ります。その結果、卵巣が正常に働かなくなってしまうのです。

卵巣の機能低下は、月経不順や不妊症を引き起こします。また、子宮の血流が悪いと、経血がスムーズに排出できなくなるため、子宮の収縮が強くなり、月経痛がひどくなることもあります。

また、全身が冷えて、血流が悪くなると、新陳代謝も悪くなるので、太りやすくなりますし、肌がくすんで乾燥しやすくなったり、髪の毛のコシがなくなったりもします。女性らしい美しさも失われてしまうわけです。

もともと、男性に比べて女性は筋肉が少ないため、足が冷えやすいもの。筋肉は体でもっとも熱を産生する組織ですし、ふくらはぎの筋肉は足の血流を促進するポンプの役割を担っているからです。

さらに、一般的に家で過ごす時間が長いのは、男性より女性でしょう。その分、体は冷えやすく、体調も崩しやすくなります。

女性がいつまでも美しく、健康でいるためには、足元の冷えない家づくりが必要不可欠なのです。

床の温度が19・5℃以下の家は要注意

足元が冷える家が、免疫力を低下させたり、血圧を上昇させたりして、病気を引き起こす理由はおわかりいただけたと思います。

では、あなたの家はどうですか？

先ほども述べたように、日本のほとんどの家は、床が冷たく、足元が冷えます。みなさんの家も、きっとそうでしょう。

▼スリッパが必要な家は「異常？」

たとえば、冬、自宅で、はだしで過ごせますか？「そんなわけないでしょう」「それは無理」という返事が聞こえてきそうです。

きっと、ほとんどの人が寒い時期は厚手の靴下やスリッパを履いているのではないでしょうか。ホットカーペットや床暖房を利用している家庭もあるでしょう。そうでなければ、足が冷たくて、寒くて、つらいと思います。

しかしこれは決して「仕方ないこと」ではありません。

事実、私が建てた「病気にならない家」は、どんなに寒いときでも、床暖房なしで床の温度が19・5℃以上あります。これだけの温度があれば、はだしで歩いても、足は冷たくありません。ただし床の材質によって感じ方が変わります。

また、海外の住宅を見ても、靴下を重ね履きしたり、ホットカーペットが必要なほど足元が寒い家はありません。海外に行って家のなかが暖かいことに驚く日本人や、反対にロシアや北欧などの寒い地域の人が日本にきて、日本の住宅の寒さに驚いたという話はよく聞きます。

どんなに外気温が低かったとしても、足元も温かく過ごせるように対策を施せば、冬でもスリッパが必要のない家がつくれるのです。逆に言えば、スリッパを履かないといられないような家は、「病気になりやすい家」だということです。

私のつくる家は地中熱をも活かし、玄関から廊下・階段・トイレ・洗面所・脱衣場など、すべての床が同じ暖かさになります。

2012年に、私の建てた自宅で、一年間の外気の最高・最低温度と、居間、床表面温度、床下温度を精密な機器で測定した詳細な結果があります。

それによると、外気の年間最高温度が37・7℃、最低温度がマイナス7・6℃という激しい寒暖差の中で、私の家の居間、床表面温度、床下温度がすべて17℃～27℃に収まっていました。

これで、私の家がいかに年中一定の健康的な温度を保ち、快適かが数字的に証明できたのです。

足を冷やさないためにまず、床をよく乾かそう

床が冷たい原因のひとつに、床が「生乾き」状態になっていることがあげられます。床が湿っていたら、どんなに暖房で部屋を暖めても、いっこうに足元は暖かくなりません。

足元まで暖かい家をつくるために、まずやるべきは床をはじめ、部屋が乾いた状態にす

ることです。

そのためには、1章で述べたように空気の入れ換えを十分に行い、さらに湿度を適切に調節する必要があります。湿度管理の大切さとその方法については、4章でくわしく説明します。

▼じゅうたんを使ってもカビ・ダニの心配なし

床を乾いた状態に保てば、じゅうたんやラグマット、ホットカーペットなども使いやすくなります。

結露が起きると、それが原因となり、カビやダニが発生しやすくなります。湿ったじゅうたんやホットカーペットはダニの温床になり、これがアレルギー疾患や呼吸器の病気などの原因になります。

しかし、床がしっかり乾いた状態ならば、じゅうたんなどを利用してもまったく問題ありません。反対に、上手に使えば、さまざまなメリットがあります。

当然、じゅうたんやマットを敷いたほうが、空気の層ができて断熱性も上がり、暖房や冷房の効率もアップします。

また、歩く音やモノを落とした音など、音を吸収してくれる効果もあり、騒音対策にもなります。

そのほか、フローリングよりもほこりが舞い上がりにくいので、きちんと掃除をすれば部屋の空気をきれいに保ちやすいですし、また、歩いたときや転んだときの衝撃を抑えてくれるという利点もあります。

ただ、キッチンや洗面・脱衣所、トイレなど、水を使う場所は、濡れやすく、汚れやすいので、カーペットは不向き。そういうところには、防水性のある床用のシートを敷いておくとよいと思います。

ホームセンターやインターネット通販で購入して、自分で敷くことができるので、チャレンジしてみてください。

冷気を足元にためない生活の工夫

冷たい空気は暖かい空気に比べて重く、下にたまりやすい特徴があります。そのため、床の近くに温度の低い部分「冷気だまり」ができてしまいます。足元を冷やさないためには、部屋の空気をうまく循環させて、冷気だまりをつくらないようにする工夫が必要です。手っ取り早いのが、暖房器具を使う方法です。

▼「冷気だまり」をつくらない家電の使い方

暖房器具を使って部屋を暖めるときは、「床のほうから暖める」のが基本。暖かい空気は、上へ上へと昇ってしまうので、エアコンを使うときは風向きを下向きにしてください。床に置いて使うオイルヒーターや石油ファンヒーターなどを選ぶのもよいでしょう。

さらに、常に室内の空気が循環するように、扇風機かサーキュレーターを暖房器具から離れたところに置き、天井に向けて送風します。そうすれば、天井にたまる暖かい空気が拡散されて、床の近くも温まりやすくなります。

扇風機が真上に向けられない場合は、床に寝かせて使うのもひとつの方法です。ちなみに、扇風機でも、サーキュレーターでも、部屋の空気を循環させる性能に大きな差はありません。

一方、暑い時期、エアコンを冷房として使うときの風向きは上向きに。

そして、扇風機やサーキュレーターでエアコンの送風口に向けて風を送り、冷気が拡散されるようにします。

以上のように足元に冷気が集まらないように工夫をすれば、暖房効率や冷房効率が上がり、温かさ、涼しさを感じやすくなり、体調が整いやすくなります。同時に、自宅で快適に過ごせるようになり、電気代の節約にもなるでしょう。

3章
「温度にムラがある家」が
あなたを病気にする

家の温度ムラが突然死を引き起こす

冬、リビングや自分の部屋はエアコンやストーブをガンガン効かせているから暖かいけれど、「一歩、廊下に出ると寒くて身震いする」とか、「脱衣所で衣服を脱ぐときは凍えそうなほど寒い」という家が多いのではないでしょうか？　このように家の場所によって温度のムラがあるのも、日本の家の残念な特徴のひとつです。

そして、家のなかの温度差は、住み心地を悪くするだけではありません。最悪、死につながるような体の不調を招く原因にもなるのです。

▼交通事故死より多い浴室突然死

たとえば、最近よく耳にするようになった「ヒートショック」も家の温度ムラが原因。ヒートショックとは、急激な温度変化によって体がダメージを受けることで、とくに浴

入浴と血圧の関係

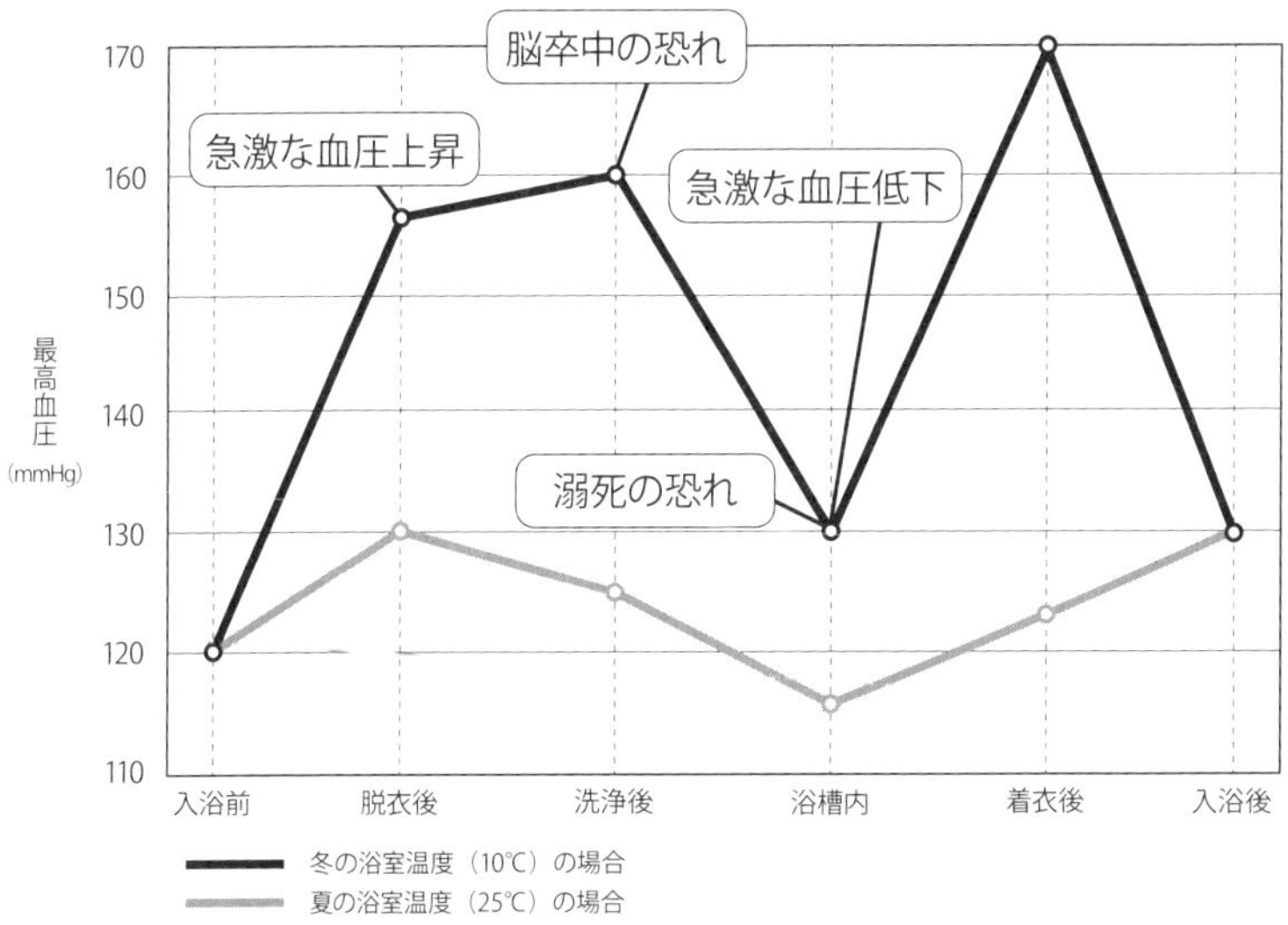

出典　九州芸工大　栃原教授（医学博士）資料より

室で起こりやすいのです。

暖かいリビングから、寒い脱衣所や浴室に移動すると、体から熱が奪われないようにするため毛細血管が縮み、血圧は上がります。それが浴室でお湯につかると、今度は血管が広がって急激に血圧が低下。さらに、入浴後、寒い脱衣所で毛細血管が収縮して、また血圧が急上昇することになります。

このような血圧の変動によって失神して倒れたり、湯船でおぼれたりすることもあります。また、最悪の場合、血管に負担をかけて心筋梗塞や脳梗塞を起こし、突然死してしまう場合もあるのです。

現在、ヒートショックで亡くなる人の数は増加しています。東京都健康長寿医療センター研究所がおこなった調査によると、2011年の1年間でヒートショックに関連した「入浴中の急死」で亡くなった人は、全国で約17000人にものぼると推計されています。この数は、この年、交通事故で亡くなった人(4611人)の3倍をはるかに超えていました。

また、ヒートショックで亡くなる人の8~9割は高齢者なのですが、家のなかで亡くな

家庭の浴槽での溺死者数の推移

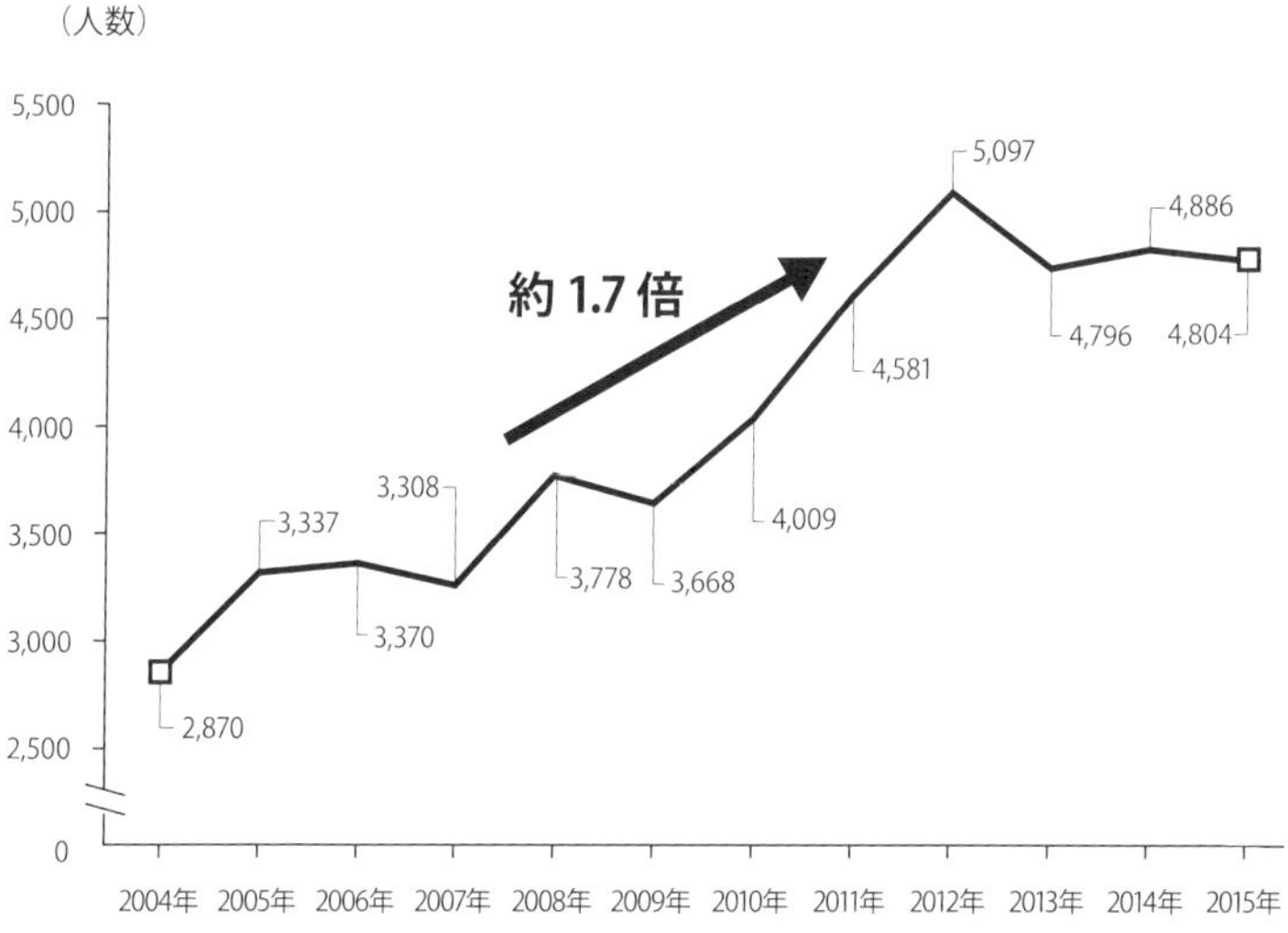

出典　消費者庁

った高齢者のうち、4分の1がヒートショックが原因で亡くなっているといわれています。

ヒートショックを含む家庭の浴槽での溺死者は、2004年には2870人でしたが、それ以降11年で約1・7倍も増加しています。

これだけ、年々、科学や技術は進歩していくなか、なぜ、ヒートショックによる事故を防げないのか、不思議だと思いませんか? 温度ムラができない家をつくれば、このようなことは防げるはずなのです。ここにも日本の住宅が抱える大きな問題が現れています。

温度差が激しい家は自律神経を乱す

夏、冷房の効いた部屋と暑い屋外を行ったり来たりしていて、体がだるく、食欲がなくなったり、めまいがしたりと、体調を崩したということはありませんか？ これは、室内と屋外の温度差が大きいと、それに自律神経が対応できなくなるのが原因のひとつです。

家のなかに温度ムラがあると、これと同じような現象が起きます。

日本では、冬、暖房で暖められた部屋のなかは28℃くらいありますが、廊下やトイレはというと10℃に満たないという家が少なくありません。その温度差は20℃近く。この温度差が原因で、自律神経が乱れ、不調が起きるようになるのです。

▼自律神経の乱れは体のだるさやうつの原因に

自律神経とは、人の意志と関係なく、常に働いている神経のこと。人が活動的に動いているときや緊張しているときに働く交感神経と、その反対に休息・リラックスしているときに働く副交感神経からなります。このふたつの神経が協力しあって、呼吸や血液循環、消化などの内臓の働きなど、生きるために必要な体の機能をコントロールしているのです。

この自律神経の役割のひとつに、体温の調節があります。

気温が低いときには、交感神経が優位に働いて血管や筋肉を収縮させ、熱を発生させます。

気温が高いときには、副交感神経が優位に働いて血管を拡張させ、熱を放出させます。しかし、気温差が大きく、暑かったり、寒かったりが繰り返されたりすると、自律神経がうまく対応できず、その機能が乱れてしまいます。

自律神経は、先ほど述べたように体のさまざまな機能を担っているため、それがうまく働かなくなると、体のだるさや食欲不振、肩こり、頭痛など、全身にさまざまな不調が現れます。

また、イライラやうつ症状など、精神的な症状が現れることも。リラックスできるはずの家が、反対に住んでいる人の気持ちを乱してしまうのです。

日本の家の断熱性能は世界最低レベル

日本の家にこれほど温度差があるのは、その断熱性の低さが原因のひとつです。世界的にみて、日本の家の断熱性能は、最低レベルと言わざるを得ません。それがもっともよくわかるのが窓です。

▼窓の断熱性に関する規制がない日本

窓の断熱性能を表す数値に「熱貫流率（U値）」があります。簡単に言うと、熱の伝えやすさを表す数値です。数が小さいほど、熱を伝えにくく、断熱性が高いということになります。

株式会社エクセルシャノン主催省エネ研究会の資料によると、ヨーロッパの多くの国では、U値に関して最低基準が設けられています。例をあげると、イギリス１・８、フランス

1・6、ドイツ0・95、スウェーデン1・0、デンマーク1・5です。

それに対して、日本には窓のU値に関する基準はありません。そのため、冬、氷点下の寒さになる北海道でさえ平均的な窓のU値は2・33で、山形県の庄内では3・49となっています。

ただ、この数値はまだいいほうで、よくあるアルミニウム製のサッシに1枚ガラスを使った窓にいたっては、U値が6・5にものぼります。ヨーロッパの国々では許可されていないこのタイプの窓が、日本の多くの家に使われているのです。

あなたの家の窓を内側から触ってみてください。冬ならば、ひやっと冷たいのではないですか?　反対に、夏、日差しが強いときには、暖かく感じるはずです。

▼冬、リビング以外が寒すぎる日本の住宅

このような断熱性の悪い窓を使っていたら、外気温が低いと窓から常に冷気が入ってきてしまいます。いくら暖房を使っても、家全体を暖めることはできません。かろうじて、リビングや自分の部屋など、長い時間を過ごす場所だけ暖めるのがやっとで、温度ムラができてしまうわけです。

そのため、日本では、脱衣所や浴室、廊下、トイレはもちろんのこと、寝室でさえ寒いという家がほとんどではないでしょうか。

一方、窓をはじめ、家の断熱性が重要視されているヨーロッパの家では、寒くて寝られない、起きられないということもないそうです。

冬、「寒くてなかなかふとんから出られない」というのは、日本の家の断熱性能の低さからくる現象なのです。

実際、2014年1月、ウェザーニュースが全国の6万6000人以上の人から回答を得た結果によると年間平均の起床時の寝室の温度は、平均12・4℃で、もっとも低かったのが長野県で8・8℃しかなかったそうです。

エアコンの設定温度を思い出してください。夏なら28℃、冬なら22℃程度が推奨されていますよね？

それに比べてみれば、室温12℃は、とても寒いのがわかると思います。

ふとんのなかは28～33℃くらいあると言われていますから、ふとんから出ると、温度差は15℃以上あります。さらに寝室から廊下に出て、トイレに行くと、温度差はさらに広がり20℃に。前述したように、温度が15℃違うと、血圧は20mmHgも上昇しますから、日本の住宅では、浴室以外でもヒートショックが起こるリスクがあるのです。

日本の家はすき間だらけで寒い

先にも述べた通り、日本の住宅は夏の暑さ、湿気対策として「風通しがよい」ことが重要視されてきました。

でも、それは今のような空調設備がない時代のこと。冷暖房や換気の技術が発達している現在も、昔の名残なのか、気密性が高い住宅はまだまだ一般的ではありません。つまり、すき間だらけの家が多いのです。

▼すき間風で暖房が効かない日本の家

とくに戸建ての家は、さまざまな場所にすき間が隠れています。たとえば、床下、柱と壁の間、天井と屋根の間、窓枠の角などに小さなすき間がある家はめずらしくありません。

すき間があるということは、外から風が入ってきますし、反対に家のなかの空気が外へ逃げていきます。冬ならば、外から冷たい空気が侵入してくるため、これも温度ムラの原因になります。

冷たい空気は下に、暖かい空気は上へと動きますから、足元のほうから冷たい冷気が入ってきて、暖かい空気は家の上部からどんどん逃げてしまいます。

冬に、家から暖かい空気が逃げているのがよくわかるのが、雪が積もったとき。

家の屋根の雪が早く溶けてなくなる家は、屋根から熱が逃げている可能性大！　私の家の近所でも、田畑や山の雪はそのままなのに、屋根の雪は消えてなくなっている家を見かけますが、これは、家のなかで暖められた空気が屋根のすき間から流れ出て、雪を溶かしているのです。

こういう家は、いくら暖房を使っても足元がスースーしてなかなか温まらず、28℃くらいまで室温を上げないと暖かく感じられません。つまり、暖房をつけている部屋以外は寒く、家のなかの温度ムラが激しくなります。温度ムラのある家は、ヒートショックや自律神経の乱れを起こすことは述べましたが、それだけでなく、お風呂に入ったり、トイレに行ったりするたび体が冷やされるため、これもまた免疫力低下の原因になります

冬寒い家は、熱中症になりやすい

断熱性も、気密性も低い家は、寒いだけではありません。春から夏、気温が上昇すれば、

今度は暑くなります。

▼夏の暑さ、寝苦しさは家のせい

窓の断熱性が低い家は、窓から外の熱が伝わってきますし、気密性の低い家は、さまざまなすき間から熱い空気が侵入してきます。

たとえば、家の屋根の瓦の温度は、夏の暑いときには、約60℃くらいにまで上昇します。その熱が家のなかに入ってくるのですから、天井裏は熱気でいっぱい。2階に寝室があれば、その熱気が熱帯夜の原因になります。毎日、寝苦しいのは夏のせいではなく、家のせいなのです。

しかし、暑いからといって、冷房を使い続けると、今度は足元から体が冷えて、低体温になって免疫力低下の原因になります。

冷房を止めると、今度は外気温と同じくらい、あるいは風がない分、それ以上暑くなって、熱中症を引き起こすリスクが上昇します。実際、熱中症が発生する場所でもっとも多いのは家です。東京消防庁管内で、2015年に救急搬送された人のうち、居住場所で熱中症などを発症した人が約43パーセントにものぼります。

▼季節による「温度ムラ」も体の負担に

「冬寒く、夏は暑い家」。今まで当たり前と思っていたかもしれませんが、あらためて考えてみると、高いお金を出してそんな不快な家に住むなんて、ばかばかしいことだと思いませんか？

さらに、さきほどの熱中症の例でもわかる通り、季節によって室温が大きく変わると、体にも負担になります。とくに冬の寒さは、血圧の上昇につながり、高齢者は要注意です。月別の死亡率（２００４～２０１４年）をみると、数値が高いのは12月～２月ごろで、気温の低い時期に死亡率が上がることがわかっています。

健康で長生きしたければ、冬でも家のなかを暖かく保つことがとても重要なのです。

発生場所別の救急搬送人員（2015年6月～9月）

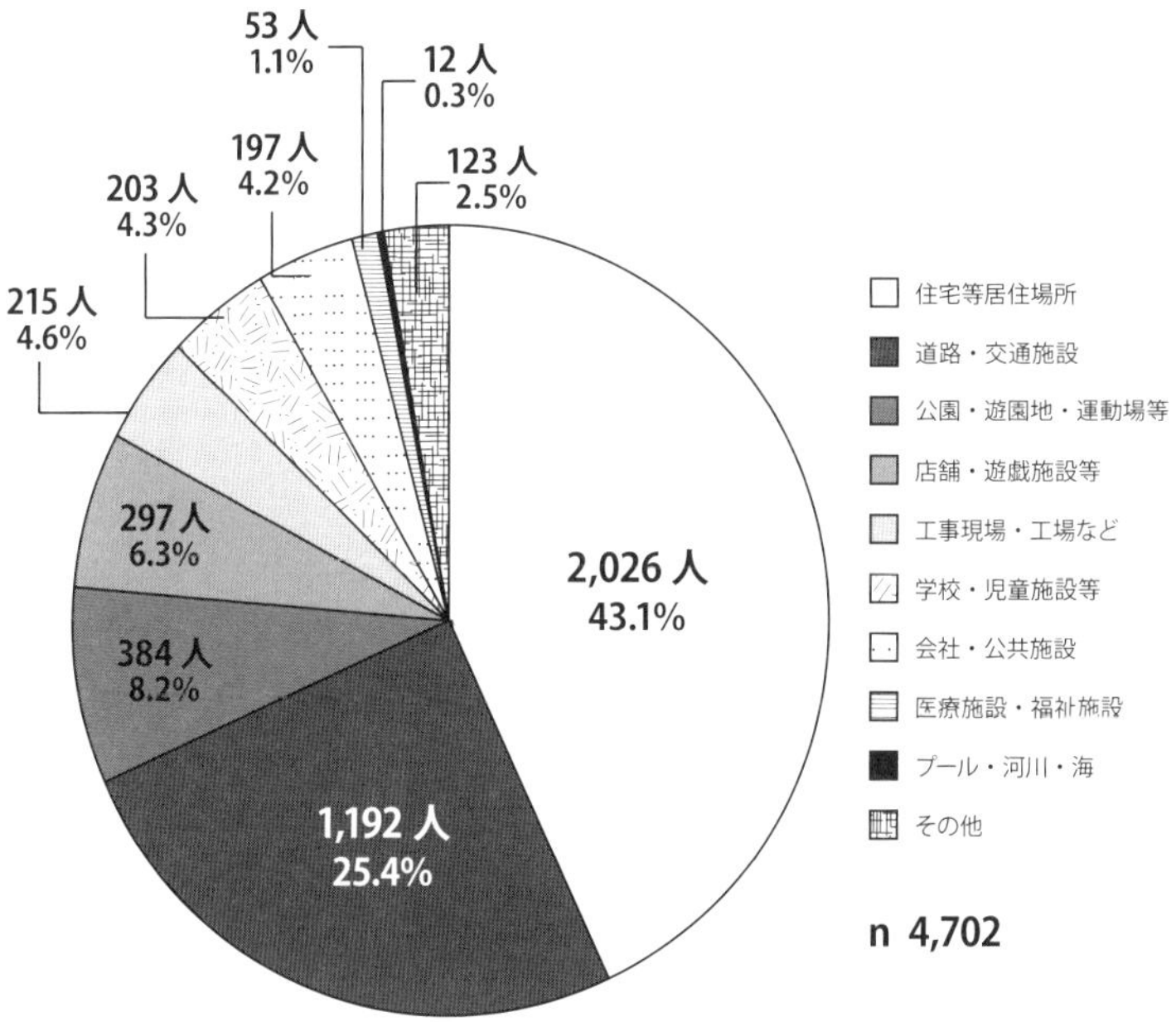

出典　東京消防局報道発表資料

月別死亡割合（月間死亡数÷年間死亡総数）

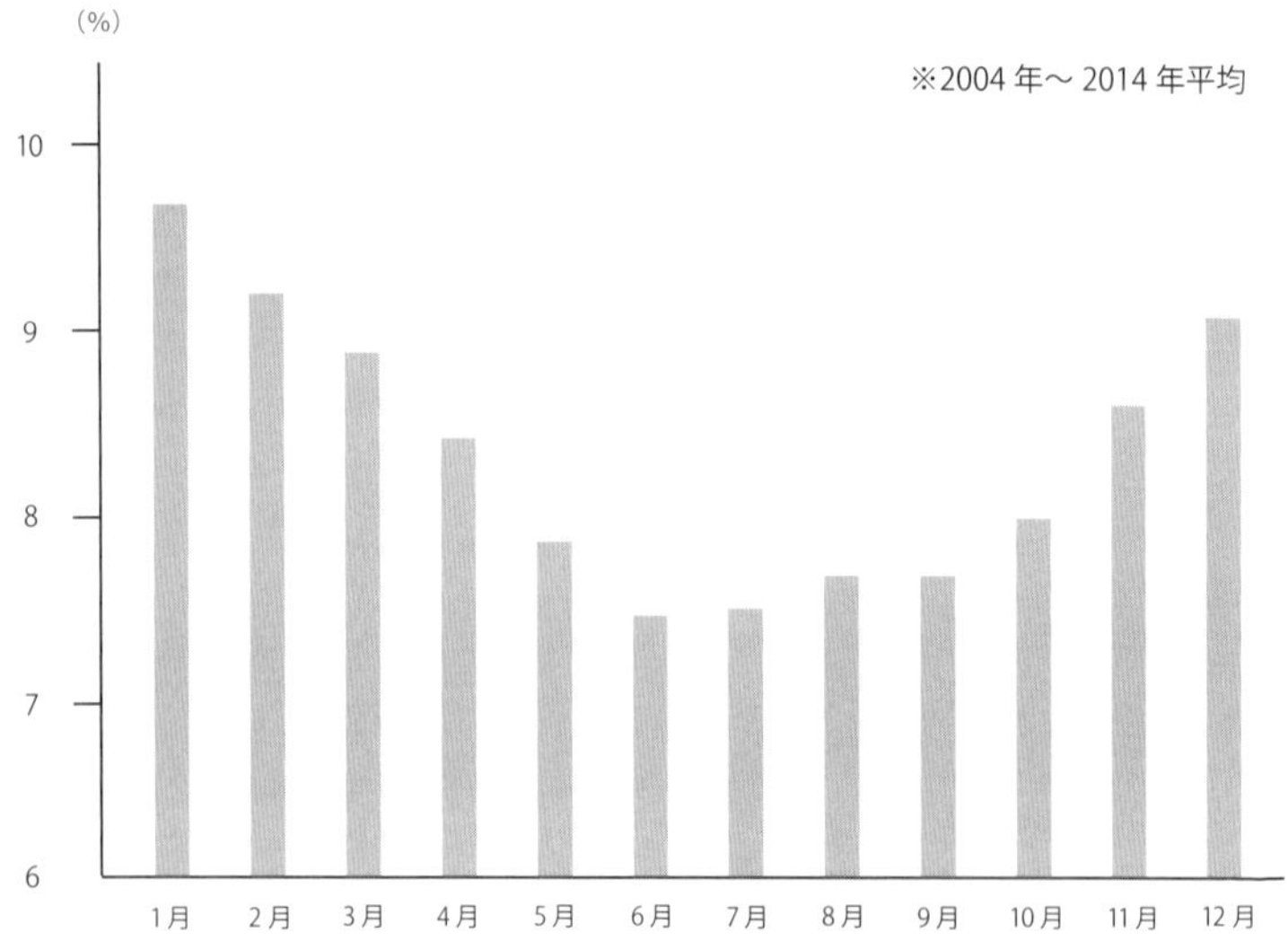

出典　ニッセイ基礎研究所資料をもとに作成

窓辺の対策が重要ポイント

家の温度ムラをなくすために、まず、やってほしいことは、窓周辺の気密性・断熱性を高めること。日本の家の多くは、窓の断熱性が低く、窓枠の角にはすき間ができやすいからです。

▼窓の断熱性・気密性を高める方法は？

窓まわりの寒さ、暑さ対策としては、以下のようなことを実践してみるとよいでしょう。

【断熱カーテンをつける】

もっとも簡単にできて、おすすめなのが断熱カーテン。蜂の巣のように空気の層が設けてあります。生地が厚く、気密性が高いカーテンで、窓とのすき間をつくらない長さ・形になっています。そのため、窓からの冷気や暑さをシャットアウトできるのです。
ただ、冬の寒い時期、カーテンを閉じたままにすると、窓に結露ができる原因になります。朝起きたときや人が暖房を長時間使っているときなど、定期的にカーテンを開けて、湿気を逃がすようにしてください。

【断熱シートをはる】

窓に直にはることができる断熱シートを利用するのも温度ムラを防ぐ対策のひとつ。ホームセンターやネット通販で買うことができ、だれでも簡単にはれます。梱包用の気泡緩衝材でも代用できます。

【すだれ、よしずを利用する】

細く裂いた竹や葦（よし）などで作られた軒先につるして使う「すだれ」や、葦でつくられていて、すだれよりも大きく、立てかけて使う「よしず」は、夏、窓まわりで利用すれば、窓から侵入してくる暑さをやわらげる効果があります。見た目も涼しくなるので、おすすめです。

また、庭がある家でしたら、窓まわり（とくに西側）に落葉樹を植えるのもよい方法。夏は葉っぱで日差しの強さをやわらげてくれますし、冬は葉っぱを落として日差しの温かさや明るさを窓から取り入れることができます。

最近では断熱コーティング剤といった直接塗るだけで断熱できる便利なものもあります。

温度ムラをなくすエアコンの使い方

冬も暖かく、夏はなるべく涼しく過ごせるようにするためには、エアコンの使い方も重要。コツは「早いタイミングで使う」ことです。

▼25℃を越えたら除湿をスタート

エアコンを使うのは、「気温が上がって、夏本番になってから」「冬、気温が下がって寒くなってから」という人が多いのではないでしょうか。でもそれでは、季節による温度ムラが大きくなりますし、エアコンの効きも悪くなります。

なぜかというと、季節の気温によって、家自体が熱くなってしまったり、冷たくなってしまったりするからです。

夏の強い日差しにあたっていると、屋根や外壁はもちろん、基礎や内壁、家具までが熱をもっていきます。反対に冬の寒さによって、家は芯から冷やされていきます。そうなってから急に家のなかを涼しくしよう、暖かくしようとしても、なかなかちょうどよい温度にはなりませんし、非効率的です。

夏は24℃を過ぎたら、家自体が熱くなる前に、冷房器具を使うようにします。春先の過ごしやすい室温を保つようにするのです。

できれば冷房よりも除湿機能を先に使うと、室温が少々上がり気味でも暑さを感じないで暮らせます。部屋の湿度が上がりすぎないようにすると、室温が28～29℃でも心地よく過ごせるでしょう。

ただし、除湿・冷房の風は体に直接あたると、かえって体を冷やしてしまいます。エアコンの設置は、人よりも部屋を冷やす目的を優先してほしいですね。今では除湿でも冷えの少ないエアコンが登場していますよ。

▼外気温が25℃を下回ったら暖房をON

夏が終わり、秋に入ると気温も徐々に下がってきます。外気温が25℃を切るころになったら、今度は冬対策に入ります。

「ずいぶん早すぎない？」と驚かれるかもしれませんが、家に夏の温かさが残っているころから、適切な室温を保つことが、冬、暖かく過ごすためのコツなのです。

外気温が25℃を切りかけると、少しずつ暖房を使い始めます。一気に室温を下げないためです。ゆるやかに室温を下げて体を慣らします。1〜2月になっても室温が20℃を下回らないようにしましょう。

お風呂のお湯を有効活用

お風呂に入ったあと、浴槽の残り湯はどうしていますか？ すぐに捨ててしまうのはとてももったいないこと。「洗濯に使うためにとってある」というご家庭でも、もし、ふたを開けっ放しにしているのであれば、それもまた、もったいないことに変わりはありません。

残り湯はふたをしておけば、家の湯たんぽ代わりになるからです。

▼残り湯を家の湯たんぽに

私の自宅でふたをして残しておいた湯（39・5℃）の温度変化を測定してみると、9時間後でも33・6℃もありました。そのときの外気温は3・1℃だったのにもかかわらず、5・9℃しか下がっていなかったのです。また、丸一日過ぎた夕方でも、27・9℃の温度が保たれていました。

もちろん、家の気密性・断熱性や家の使い方によって温度変化には差がありますが、お湯が暖かいうちは、それが熱源となり、じんわりと家のなかを暖めてくれます。とくに脱衣所や廊下の寒さは大きく軽減されるでしょう。

気温が下がる秋（10月）～3月くらいまでは、残り湯を家の湯たんぽ代わりにしてみてください。

その際、浴室に窓があれば開けてはいけません。お風呂のドアは1～2㎝開けた状態で、換気扇の電源は入れておきましょう。換気扇を切った場合は、お風呂のドアは全部開けたままにしておいてください。脱衣場のドアも全開に。

ただし、小さいお子さんがいる家の場合、子どもがふたにのって、お湯のなかに落ちてしまう危険があるので、あまりおすすめできません。

このほか、浴室・脱衣所の寒さをやわらげて、ヒートショックを防ぐためには、お風呂に入る前の準備も大切。お湯をはったら、ふたを開けておいて、その熱で浴室を暖めましょう。ただし、結露防止のためにも、換気扇は「弱」で運転し続けてください。

冬暖かく、夏涼しい家にリフォームするなら

比較的、最小限のリフォームで家の断熱性を高め、温度のムラをなくしたいのであれば、壁、窓、屋根または天井の断熱性を高める工事をおこなうとよいと思います。

▼外壁を二重にして断熱

壁でしたら、外壁の外側にもうひとつ外壁をつけて二重構造にします。外壁と外壁の間に空気の層ができるため、外の寒さや暑さが家のなかに伝わりづらくなり、室温を快適に保ちやすくなります。

屋根から夏の暑さが侵入してきたり、冬、家のなかの温かさが逃げないようにするには、天井か、屋根に断熱材をつけるリフォームをするとよいでしょう。屋根と天井、どちらをリフォームするかは、それぞれのメリット、デメリットを比較して検討する必要がありま す。一般的に屋根のリフォームのほうが費用が高い傾向がありますが、その分、屋根裏を部屋や倉庫として利用できるというメリットもあります。

▼窓を二重にして断熱

窓の断熱性を高めるには、内窓をとりつける方法があります。

内窓とは、今ある窓の内側に追加する窓のことで、簡単に二重窓にすることができます。

窓と窓の間に空気の層ができるので、断熱性が高くなりますし、気密性の高い窓をとりつければ、すき間風の防止もバッチリ。結果、外の寒さ、暑さが伝わりにくくなり、冷暖房の効率がアップすると同時に、遮音・防音の効果も得られます。

すべての窓につけるのは難しい場合も多いでしょうから、そういうご家庭では、リビングや寝室の窓にとりつけるとよいと思います。浴室や脱衣所の窓にとりつけるのも効果的です。このほか、窓に直接、断熱性能のあるコーティング剤を塗る方法もあります。

4章
「湿度が高い家」があなたを病気にする

たかが「カビ」で命を落とす⁉

「猛毒カビ」・「殺人カビ」。最近、話題になっているこの名前、聞いたことありませんか？浴室やキッチン、窓枠、壁など、家のなかに発生することもめずらしくないカビですが、実は、私たちの健康を脅かす原因になります。最悪の場合、カビが原因の病気で死亡する場合もあるのです。

▼家のなかにいる「猛毒カビ」「殺人カビ」

たとえば「毎年のように夏風邪をひく」「夏になると、せきが出る」という人は要注意。もしかしたら、すでに体がカビに侵されているかもしれません。

梅雨から夏にかけて温度とともに湿度が上昇すると、家にはカビが発生しやすくなります。夏に風邪と似たような症状が現れる場合、そのカビが原因で起こる肺炎の可能性があるのです。

この病気を「夏型過敏性肺炎」といいます。家に発生するトリコスポロンという黒いカビのカビ菌（胞子）を繰り返し吸い込むことで、肺にアレルギー反応が起きて発症します。病気になると、最初は夏バテのように体がだるくなり、せきが出て、発熱するそうです。そのため、夏バテや夏風邪と勘違いしてしまう人が多いのです。

しかし、そのまま放っておいたり、間違った治療法をおこなうと、毎年、夏が近づくたびにぶり返して、慢性化してしまいます。その結果、徐々に肺が萎縮して、呼吸が苦しくなります。最悪の場合、肺の機能が失われて死に至ることもあります。そのため、トリコスポロンは「殺人カビ」といわれているのです。

このトリコスポロンは、日当たりや風通しが悪い、湿気の多い場所が大好きです。家のなかでは、浴室や洗面所、キッチンのほか、エアコンにも多く発生します。またこのカビは、日本の家の10軒に1軒の割合で住んでいるともいわれています。

エアコンの通風口をのぞいてみてください。黒っぽい汚れのようなものが見えたら、それはトリコスポロンの可能性大。

また、カビらしきものが見えなかったとしても、湿度の高い部屋のなかで、何もメンテナンスをおこなわずにエアコンを使っていたら、奥のほうにトリコスポロンが発生していると考えて間違いないでしょう。そのままエアコンを使うと、カビ菌（胞子）が部屋中にまき散らされます。カビ菌は目に見えませんから、知らず知らずのうちに吸い込み、肺炎を発症するリスクがあるのです。

▼カビ菌が空気にいっぱい

また同じように、家のなかで発生する「アスペルギルス（とくにアスペルギルス・フミガータス）」も、殺人カビと称されるカビの一種。別名コウジカビとも言われ、空気中や土など自然界に多く存在しています。

家のなかでは、ふとんや枕、エアコンのフィルターなどに見られ、そのカビが空気中にカビ菌を発生させます。それを吸い込むと「アスペルギルス症」という病気の原因になることがあるのです。人の体温で繁殖できるそうです。

「アスペルギルス症」にはいくつか種類があります。そのひとつがぜんそくをもつ人に多く発症するアレルギー性の病気（アレルギー性気管支肺アスペルギルス症）で、ぜんそく発作のほか、ひどくなると発熱や喀血などの症状も見られるようになります。

免疫力が低下している人がアスペルギルスを含む空気を吸い続けることで発症する病気（侵襲性アスペルギルス症）もあります。アスペルギルスが肺などで増殖してしまって起こる病気で、発熱や胸の痛み、せき、息切れなどの症状があります。ひどい場合は、1～2週間で亡くなる人もいます。

他にこんな恐ろしいカビもいます。希ですが海外から持ち込まれた穀物の中に、史上最大の発ガン性物質といわれているアフラトキシンを生み出す「フラバス」という悪玉カビがいる例もあります。

家のなかの空気を吸っているだけで、病気になり、死んでしまうこともあるというのですから、おそろしいことです。

日本の家はカビ・ダニの楽園

実は、どこの家にもいる「猛毒カビ」・「殺人カビ」。

「でもうちには、そんなにカビが生えていないからだいじょうぶ」という人もいるかもしれません。

でもカビは目に見えないだけで、どこにでもいます。

カビは糸状の菌糸と丸い胞子でできていますが、空気中に漂うカビの胞子は目に見えないほど小さいのです。それが浴室や窓のサッシ、食べ物などに付着すると、そこに菌糸が根のようにはり、胞子を伸ばします。そこから増殖していくと、目に見えるカビとなります。

目に見えないからといって、カビがいないとは限らないのです。

とくに、日本の住宅の多くはカビが発生しやすい状態になっています。湿気がたまりやすいからです。

▼湿気がたまりやすい日本の家

これまでもお話したとおり、昔の日本の家は、蒸し暑さ対策として「風通しがよいこと」が重要視されていました。たとえば、ふすまや障子などの建具を開ければ、家全体に風が通るようになっていましたし、床下には空洞があって、常に風が通るようになっていました。

ただ、耐震性や家の温かさなどが求められるようになったこと、人口が増えて住宅事情が変わったことなどによって、完璧ではないにしても、以前よりは気密性の高い家（とくにマンション）が増えてきました。

ただ、気密性が高くなれば、当然、風通しは悪くなります。

そのため、換気をしっかりしないと、湿気も外に逃げず、家のなかにたまってしまい、湿度が高くなってしまいます。

その湿度の高さがいろんな問題を引き起こしているのです。


人は息を吐き出すとき水分もいっしょに排出しています。実は、ひと家族（5人）で、お湯を沸かしたり、料理をしたりするときに発生する水蒸気、お風呂のお湯の湯気などで、1日10リットルもの水分をばらまいているのだそうです。

その湿気を家にためこまないためには、空気といっしょに外へ逃がす必要があるのです。


日本の家は、換気が不十分なのは1章でお話したとおりです。

つい先日もある人からこんな話を聞きました。

「住宅展示場のモデルハウスへ行ったとき、『換気装置はどれですか?』と質問してみたところ、営業マンから示されたのはよく見かけるプロペラ式の換気扇だったんです。私はおどろいて『熱交換型の第一種換気装置ではないのですか?』と尋ねると、その営業マンはただ首をかしげるだけだったんですよ」

また別の方からは、こんなエピソードが。

「大手の住宅メーカーが建てたマンションを見学に行き、上郡さんのアドバイスどおり、換気装置の確認をしました。ところがあったのは、今の家にもあるようなプロペラ式の換気扇のみ。どこから空気が入って、どこへ出ていくのか、部屋ごとに換気が行われるかどうかもわからずじまい。その後2社ほどモデルルームを拝見しましたが、ほぼ同じような状態でがっかりしました。その中の1社は坪400万円もしていたのに……」

日本の家の換気や湿気対策はこんなありさま。そのため、湿度が上昇しやすく、室内が生乾き状態となってしまうのです。

感覚的にご存じかと思いますが、カビは湿気が大好き。

カビは植物の一種なので、成長するには水が必要です。

そのため、湿度が高いと生えやすくなります。水があれば、カビはほこりや汚れを栄養にしてどんどん増殖します。

▼湿度が高ければ結露も起こりやすい

湿度の高さは、結露の原因にもなります。

湿度が高いということは、空気中にある水分が多いということ。

その空気が冷やされると、結露になります。暖かい空気ほど多くの水蒸気を保持できるからです。

水蒸気を多く含んだ暖かい空気が冷やされると、保持できなくなった水蒸気が水に変わります。それが結露。

そのため、冬、断熱性の低い窓や壁、暖気が届きにくい押し入れの奥などに結露ができます。

そして、そこにカビが発生するわけです。

つまり、近年の日本の家は、梅雨から夏の湿度が高い時期だけでなく、一年中いつでもカビが生えやすい環境になっているのです。

▼カビが生える家には、ダニも多い

カビが生えやすい家には、ダニもたくさんすみついています。

ダニも湿気と適度な温度を好むため、室内の湿度が高くなると増殖しやすくなります。

カビが発生しやすい環境は、ダニにとっても快適なのです。

さらに、カビはダニのえさになります。

カビが多ければ多いほど、ダニが暮らしやすくなるわけです。さらに、ダニの排泄物や死骸はカビの栄養源にもなります。

カビが発生すると、ダニが増え、さらにカビが増えるという悪循環に陥ってしまうのです。

夏場はジメジメしやすく、冬に結露ができやすい日本の多くの家は、カビとダニが仲良く共存できる場所。まさに「カビ・ダニにとっての楽園」といえるでしょう。

カビ・ダニがもたらす体の不調

この章の冒頭でもお話したとおり、カビはアレルギーや肺の病気の原因となります。家に生えるカビは、トリコスポロンやアスペルギルスだけではありません。湿度が高い家には、ほかにもさまざまなカビが生え、体に悪影響を与えます。

▼カビ・ダニがアレルギーを引き起こす

カビが原因になる病気で多いのが、鼻炎やぜんそく、アトピーなどのアレルギーです。

また、ダニもアレルゲンになります。ダニのふんや死骸が体内に入ると、それが、さまざまなアレルギーを引き起こすのです。

大人のぜんそくの場合は60パーセント以上、小児ぜんそくの場合はなんと約80パーセン

家でよく発生するカビ

カビの名前	カビの特徴	引き起こす病気
アルタナリア（ススカビ）	黒色のカビ。浴室やキッチン、エアコン内部など結露が発生する部分に。薬剤や紫外線に強い。	アレルギー性鼻炎などのアレルギー疾患
クラドスポリウム（クロカビ）	その名の通り、黒いカビ。本来は土壌に棲んでいて、胞子が空気中に多く飛散している。水場や結露部分、エアコンの内部を好む。薬剤に弱いが、増殖すると薬剤が効きにくくなる。	ぜんそくなどのアレルギー疾患
フザリウム（アカカビ）	土壌に生息するカビで農作物の病気を引き起こす。家では、食品に寄生して、食中毒の原因になることも。そのほか、畳や壁、水場などにも発生。	食中毒
ペニシリウム（アオカビ）	広く自然界に分布しているカビ。みかんなどの柑橘類やおもちなどに発生するのをよく見かける。寒さに強く、家のなかでは、押し入れや結露の多い壁、革靴などに発生する。	アトピーなどのアレルギー疾患、食中毒

出典 『快適な住まいとカビ退治』
（監修／厚生労働省生活衛生局企画課　著者／阿部恵子）などを参考

トはダニが原因だといわれています。アレルギー性ぜんそくを引き起こす原因の1位がダニ、2位がカビなのです。

また、「ダニが原因の鼻炎を患っている人は全国に2900万人」「重症アトピー患者の約9割はダニが原因」といったデータもあります。

いまや日本人の2人に1人が何かしらのアレルギーをもっているといわれる時代。その多くがダニやカビによって引き起こされています。

また最近の研究では赤ちゃんのアトピー性皮膚炎が、その後の鼻炎・ぜん息などのアレルギー症状を引き連れてくる現象があり、それを「アレルギーマーチ」と呼ぶそうです。その要素は湿度だけではありませんが、赤ちゃんにアトピー性皮膚炎を起こさせない住環境づくりこそが最も大事なのです。

こうしてみると、まるで家が病気をつくっているようですね。

家族のなかに年中、鼻炎の人がいたり、皮膚が乾燥してかゆいなど、アトピーのような症状があったりするなら要注意。あなたの家は湿気が高く、カビ・ダニだらけの可能性が高いと思ったほうがよいでしょう。

塩がかたまる家は危険信号

家の湿度が高く、カビ・ダニが発生しやすい状況かどうかを、簡単にチェックする方法があります。

それはキッチンにある「塩」を見ればよいのです。

あなたの家の塩は、どんな状態ですか？

ちなみに湿度が適正にコントロールされている私の家の場合、塩はいつもサラサラです。

ただ、そんな家はほとんどないと思います。たいていの家の塩は、スプーンですくうのがたいへんなほど、カチカチにかたまっているのではないでしょうか。

これは室内の湿度が高すぎる証拠。塩が湿気でかたまってしまうのです。

また、冷蔵庫から缶ビールを出してしばらく置いておくと、缶のまわりに水滴がついて、缶の下が水で濡れてしまうと思います。実はこれ、結露現象と同じで、湿度が高いのが一因です。

わが家では、缶ビールが水滴でびっしょり濡れるなんてことはありません。

また、開封した味付け海苔・手巻き寿司の海苔も、梅雨のよほど湿気の高い日以外、まったく湿らないです。米びつにも虫はわきません。

▼床や家具が黒ずむのも湿気のせい

また、家のフローリング、木製の手すりや家具の色にも注目。徐々に黒ずんだり、色が濃くなったりしていませんか？　使い込んでいくうちに、色が変化するのは当たり前と思っているかもしれませんが、実は、その色変化も湿度のせいなのです。

郵 便 は が き

お手数ですが
62円分切手を
お貼りください

170-8457

東京都豊島区南大塚
2-29-7
KKベストセラーズ
書籍編集部行

おところ 〒

Eメール @ TEL ( )

(フリガナ)
おなまえ

年齢 歳
性別 男・女

ご職業
会社員
公務員
教 職 (小、中、高、大、その他)
無 職 (主婦、家事、その他)
学生 (小、中、高、大、その他)
自営
パート・アルバイト
その他 ( )

愛読者カード

このハガキにご記入頂きました個人情報は、今後の新刊企画・読者サービスの参考、ならびに弊社からの各種ご案内に利用させて頂きます。

●本書の書名

●お買い求めの動機をお聞かせください。

1. 著者が好きだから　2. タイトルに惹かれて　3. 内容がおもしろそうだから
4. 装丁がよかったから　5. 友人、知人にすすめられて　6. 小社HP
7. 新聞広告（朝、読、毎、日経、産経、他）　8. WEBで（サイト名　　　）
9. 書評やTVで見て（　　　）　10. その他（　　　）

●本書について率直なご意見、ご感想をお聞かせください。

●定期的にご覧になっているTV番組・雑誌もしくはWEBサイトをお聞かせください。
（　　　）

●月何冊くらい本を読みますか。
（　　　冊）

●本書をお求めになった書店名をお聞かせください。
（　　　）

●最近読んでおもしろかった本は何ですか。
（　　　）

●お好きな作家をお聞かせください。
（　　　）

●今後お読みになりたい著者、テーマなどをお聞かせください。

ご記入ありがとうございました。著者イベント等、小社刊行書籍の情報を書籍編集部HP（www.kkbooks.jp）にのせております。ぜひご覧ください。

湿度が高いと木がその湿気を吸います。その水分の逃げ場所がないと、そこに雑菌が繁殖して、色が黒っぽく変化していくのです。

反対に、湿度が適正に保たれていれば、床も柱も家具も新品同様の色をずっと維持することができます。

私の家では天井に残っていることのある大工さんの手垢すらありません。柱などもぞうきんがけをしたこともありません。

さらに私の家のタンスには樟脳などの防虫剤がいりません。呉服・革製品・毛皮などの品質保存にも何の手間もいりません。ただハンガーにかけ、その後しまい込むだけですが、虫食いやカビが発生したことはありません。

結露が起きる家を見分ける方法

湿度が高ければ、結露もできやすいのですが、実際に、結露が発生しているか、簡単に確認することもできます。

まずは玄関をチェックしてみてください。

玄関は、温度差のある外気と室内空気が接触する場所なので、家のなかで結露が起きやすい場所のひとつです。

玄関扉や玄関扉の枠を触ってみてください。少しでも湿り気を感じたら、結露が発生しやすい家だと考えてよいでしょう。

▼玄関と北側の窓をチェック

もう1カ所チェックするならそれは、日当たりが悪く、結露ができやすい北側の窓です。

湿気は下にたまりやすいので、戸建ての場合は、2階よりも1階が要チェックです。こちらも窓やサッシを触って確認してみましょう。

また、その際、北側の壁の下も目で見て、触ってチェックしてください。ちょっとでも壁紙がはがれたり、よれたりしていたらアウト！　さらに触ってみたとき、カラッと乾いた状態ではなく、少しでも湿り気を感じたら、危険信号です。

そのほか「においい」も重要な情報源。

とくに押し入れやクローゼットのなか、脱衣所や浴室、トイレなど、扉を開けたときいやなにおいがしないか、かび臭くないかを確認してみましょう。

自分の家の状態を確認するとき、または引っ越しや住み替えで家を選ぶときには、以上のような方法でぜひ、結露チェックをおこなってみてください。

カビ・ダニ発生の境界線は「湿度60パーセント以下」

　これまでの話で、湿度が高すぎると、カビ・ダニが発生するだけでなく、体にも異変が起きること、また日本の家は湿気がこもりやすく、結露ができやすいことがおわかりいただけたかと思います。

　では、カビ・ダニを防ぐには、室内の湿度をどのくらいに保てばよいのでしょうか。その基準となるのが「湿度60パーセント以下」です。

▼まずは湿度計を用意しよう

　実は、ダニとカビの多くは、湿度60パーセントを超えると発生・増殖しやすくなります。逆に、60パーセントを切るとカビは繁殖しなくなりますし、ダニも活動できなくなるのです。

ただし、あまり乾燥しすぎると、今度は乾燥を好むウイルスの活動が活発になり、インフルエンザや風邪をひきやすくなります。

病気を防ぎ、快適に過ごすためには、室内湿度を40～60パーセントに保つとよいのです。理想は50パーセントです。

まずは、温度計・湿度計を用意するところからはじめましょう。日ごろから室内の温度・湿度をチェックする習慣を身につけるのです。

戸建ての場合は、1階と2階と外に、マンションの場合はリビングと寝室と外に、ひとつずつ設置しておくとよいと思います。誤差を最小限にするために、同じメーカーのものを3つ選ぶとよいでしょう。

毎日、朝と晩など、定期的に確認するようにすると、自分の家の湿度がどのくらいあるのかがわかると同時に、温度・湿度に対する意識を高めることにつながります。湿度をチェックしながら、温度・湿度を適正に保てるよう、さまざまな対策を試してみてください。

湿気をためない風通しのよい家に

室内空気には、私たちが生活のなかで吐き出した水分を含めた湿気が含まれています。そのままにしておくと、家のなかにたまって、カビ・ダニが生きやすい環境になりがちです。そうならないためには、風通しがよく、室内空気がスムーズに入れ替わるような工夫が必要です。

▼クローゼットや家具の後ろに風の通り道を

風が吹いて空気が動くと洗濯物がよく乾きますし、酢飯に風を送ると、熱とともに水分も飛びます。それと同じ原理で、室内も風通しをよくすれば、湿気を逃がして、湿度を下げることができます。

家の換気をよくする方法は、1章にくわしく書いてあるので、そちらを参考にしてください。そこでも触れましたが、押し入れやクローゼット、下駄箱などは空気がよどんで、湿気がたまりやすいので、基本的に扉を開けておくようにします。

加えて、ものを詰め込みすぎると風通しが悪くなるので、意識的にものを減らして、風の通り道を確保するようにしましょう。

同じように家具の裏や、家具と家具の間も結露が発生しやすい場所です。

家具は壁にぴったりつけずに、1~2センチ程度でいいので、離しておくようにして、家具と家具の間にも少しスペースを設けましょう。

また、カーテンと窓の間も風通しが悪くなる場所ですので、しめっぱなしにしないようにすることも大事です。

その他、風通しとは別の話になりますが、湿度を高くするインテリアに、観葉植物と水槽があります。観葉植物の場合、8畳の部屋に1・5メートルの観葉植物を設置したところ、10パーセントも湿度が上がったそうです。自宅に置くべきかどうかは、湿度を確認しながら検討していただきたいと思います。

カビ・ダニを発生させない家電の使い方

家全体の換気は、対角線上に窓を開けたり、換気扇を利用したりしておこなえますが、もし、それでも湿気がたまりやすい場所や部屋がある場合は、扇風機やサーキュレーターを活用しましょう。

たとえば、押し入れや北側の部屋の角など、結露が起きやすい場所に向かって、扇風機の風を当てておくと、空気が動いて、湿気がたまりにくくなります。

▼燃焼系暖房器具は結露の原因に

エアコンなどの冷暖房器具の使い方にもポイントがあります。

気温とともに湿度が上がる梅雨から夏にかけては、エアコンを上手に活用して、湿度をコントロールするのが正解です。３章で季節による温度ムラをなくすための、エアコンの使い方を紹介しましたが、その方法は、夏場に湿度を下げるためにも有効です。

冬は乾燥する時期ですが、外の空気と室内空気の温度差によって、窓や壁に結露が起きやすくなります。湿度が上がりすぎないように注意が必要です。

石油ファンヒーターやガスファンヒーターなどの燃焼系暖房器具は、燃焼するときに酸素を使うため、水分が発生します。灯油を1リットル燃焼させると、水分も約一割増しの1・1リットル排出されるのです。つまり、使えば使うほど部屋の湿度が上がり、結露が起こりやすくなります。

湿度の上昇や結露を防ぎたいなら、エアコン、オイルヒーターや蓄熱ストーブなどの別の暖房器具を使用したほうがよいでしょう。

▼加湿器は必要？　不必要？

ただ、エアコンを使うと、逆に空気が乾燥しやすいという問題もあります。冬、部屋の空気が乾燥すると、ウイルスの活動が活発になり、風邪をひきやすくなる場合もあり、湿度は下がりすぎてもよくありません。

そのため、冬は加湿器を使うというご家庭もあるかと思います。ただ、加湿器を使うと、窓に結露ができてしまうという家も少なくないでしょう。

そういう場合は、なるべく窓から冷気が入って来ないように断熱シートをつけたり、窓を二重にしたりして、結露ができにくい環境を整えることが先決。そのうえで窓から離れたところ、できれば部屋の中央に加湿器を置いて、利用します。

また、加湿器は「気化式」がおすすめ。このタイプは、水を含んだフィルターに風を当てて空気を加湿するので、スチーム式などに比べて結露がしにくいのです。ただつけっぱなしにすると、湿度が高くなりすぎるので、湿度計を確認しながら、手動で加湿器のＯＮ・ＯＦＦを切り替えるようにしてください。

それでも結露が起きてしまう場合は加湿器の使用は中止するほうが無難。高い湿度や結露は、体はもちろん、家自体もいためてしてしまうからです。

乾燥が気になる場合は、花器に少し水をはっておいたり、濡れたタオルを干したり、乾燥しすぎない工夫を。人に関しては、こまめに水分補給をしたり、寝るときはマスクをつけたりするとよいと思います。

私はエアコンの暖房時に加湿機能が備わったエアコンをオススメしています。設定だけでよく、取り扱いが楽ですよ。

▼結露を抑えるためのリフォームポイント

最後に、湿度や結露対策に有効なリフォームについても、少し触れておきます。

窓の断熱性を高める方法のほか、吸湿性の高い壁に変える方法が有効です。たとえば、部屋のひとつの壁面を、湿気を吸ったり、はいたりしてくれる自然素材の壁に変えるのです。

外に面している壁がある場合は、外気と室内空気が触れあって、その温度差によって結露が生じやすいので、そこをリフォームすると効果的。

現在の壁に木の板をはるだけでも効果があります。そのほか、タイルをはったり、土壁にしたりするのもよいと思います。

5章
「薬害がある家」があなたを病気にする

豊洲市場だけじゃない！住宅に潜む有害物質

２０１６年11月に豊洲への移転が予定されていた築地市場ですが、土壌汚染対策の盛り土がなかったことで延期になりました。さらに、豊洲新市場の地下水から基準値を超える有害物質が検出され、大きな問題となりました。「食べ物を扱う場所で、体に有害な物質が見つかるなんて怖い」と不安や憤りを感じた人も多いのではないでしょうか。

豊洲の土壌や地下水の汚染は、その場所で１９５６年～１９８８年に操業していたガス工場が主な原因でした。都市ガスを製造する過程で生成されたベンゼンやシアン化合物、ヒ素などの物質によるものなのです。

では、こういった化学物質を扱う工場や施設がない場所ならば、安心かというとそうではありません。豊洲で見つかった有害物質のなかには、一般の住宅で使われているものもあるのをご存じですか？

豊洲市場の地下水から環境基準の100倍の量が検出されたというベンゼンですが、その仲間である「p-ジクロロベンゼン」「エチルベンゼン」は、住宅建材の接着剤や塗料として使用されているのです。

▼新築住宅に入ると調子が悪くなる人はいませんか？

実は、日本の住宅には、ベンゼンを含め、多くの化学物質が使われています。その影響で住む人の体に異変が出るケースも少なくありません。


以前、こんなことがありました。

住宅メーカーや工務店では、これから家を建てようという人たち向けに構造見学会・完成見学会を開きます。構造見学会は、実際にその会社が手がけている工事中の現場を公開する場で、完成見学会は、工事が終了し、施主さんに引き渡す直前の家を見学できる場です。

私の会社もこういった見学会を開くのですが、そこに足を運んでくれたある方の奥様から、こんなことを言われたことがありました。

「どの見学会に行っても、子どもたちは10分もしないうちに『お母さん、帰ろう』と言うのですが、おたくの見学会では走り回って、いつまでも『帰ろう』と言わないんです。私自身も呼吸が楽なのですが……」

よくお話を聞いてみると、その女性にはアレルギー性の気管支炎の持病があるとのこと。他の見学会ではのどの痛みがあったり、咳が出たり、息苦しくなったりしたこともあったそうですが、私の建てた家のなかだと今住んでいる家よりも、調子がよいような気がするというのです。

その方は化学薬品メーカーに勤めていて、化学物質について詳しかったこともあり、結局、このときの状況が決め手となって、私たちの家を選んでいただきました。

実は、このように家によって体調に変化が起こるのは、そこに使われている化学物質が原因のひとつ。化学物質の害によって、気管支炎のような症状を起こしたり、鼻水、目やに、めまい、耳鳴り、イライラといった症状を起こす人がいます。

その証拠に、その女性は、私が建てた家（化学物質を極力使っていない家）に入居し、半年もたたないで気管支炎の症状が完治。さらに、お子さんにはアトピー性皮膚炎の症状があったのですが、それもなくなったそうです。

みなさんのなかに、ご自身やご家族が原因不明の体調不良に悩まされているという人はいませんか？　その不調を引き起こしているのは、もしかしたら、家のなかに潜む化学物質のせいかもしれません。

化学物質で汚染された室内空気が病気をつくる

住宅建材などに使われる化学物質が原因で起こる体調不良は、決してめずらしいものではありません。

こんな経験はありませんか？

新築の家やモデルハウスに出かけたとき、独特のにおいを感じたこと。自然な木のにおいや畳の香りならばよいのですが、鼻にツンくるようなにおいやシンナーのようなにおいを感じることのほうが多いのではないでしょうか。

「これが新築の家のにおいだから」と納得している人もいるかもしれませんが、このにおいの正体こそ、建材に使われる化学物質。その成分が空気中に発散されて、においの元になっているのです。かいでみたことがある人はわかると思いますが、においだけでも「体に悪そう」と本能的に感じると思います。

あるとき、私が担当した新築現場のとなりで、ほぼ同時期に別の住宅メーカーさんが住宅を建築していたことがありました。聞いた話によると、その住宅が完成するとき、施主さんは住宅メーカーの担当者からこんなことを言われたそうです。

「約2週間は当社が朝夕、窓を開け閉めして、空気の入れ換えをしますから、その間の入居はお待ちください」

施主さんは気になって、「待て」と言われた2週間の間に新築の家に入ってみたところ、あの「新築のにおい＝化学物質のにおい」がプンプンしていたとのこと。つまり、化学物質の成分をできるだけ外に逃がして、においを減らすために、２週間の換気が必要だったのです。そのことを知って、その施主さんは「私、この家を選んで本当によかったのでしょうか？」と言っていたそうです。

▼家の化学物質で不整脈に!?

空気中に発散された化学物質の成分が問題なのは、嫌なにおいの原因になるからだけではありません。化学物質で汚染された室内空気は、私たちの体にも悪影響を与えます。

シックハウス症候群（Sick House Syndrome）という言葉、聞いたことある人も多いでしょう。直訳すると「病気の家症候群」。これは、住んでいる人の健康を維持するという観点から、問題のある住宅における健康被害の総称と定義されています。その主な原因のひとつが、住宅に使われる化学物質なのです。室内に漂う化学物質を吸い込むと、健康被害につながることが知られています。

その起源は、１９７０年代後半〜１９８０年代に欧米で社会問題となったシックビル症候群。同じビルにいた人たちが、同時期に体の不調を訴えた現象で、その原因ははっきり解明されていませんが、建物の気密化や換気不足などによって室内空気が汚染されたことが原因のひとつだと考えられています。

その後日本でも、１９９０年代に住宅の気密性・断熱性が高くなるにしたがって、シックビル症候群と同じような症状を訴える人が増え、「シックハウス症候群」として、注目されるようになりました。

その原因は、建材や家具などに使われる化学物質のほか、カビやダニ、たばこの煙、石油ストーブやガスストーブを使ったときに出る一酸化炭素などの燃焼ガスと考えられています。

その主な症状は、めまい、吐き気、疲れやすさ、頭痛、じんましんや肌の乾燥といった全身症状や、鼻の症状（鼻水・刺激感など）、目の症状（チカチカする、涙目）、口の症状（咳、唇の乾燥）、のどの症状（乾燥）などです。その他、動悸、不整脈、手足の震え、腹痛、下痢、不安感といった症状が出ることもあると言われています。

こういった症状がある人、とくに引っ越しをきっかけに症状が出たという人は要注意です。

症状の程度は人によって違うのですが、「とくに体調不良は感じていない」という人でも「問題なし」とは言えません。

「仕事が忙しいから、ちょっと疲れがたまっているだけ」「年だから……」「更年期かも」「花粉症かも」と思っている人のなかにも、室内に漂う化学物質によって健康がむしばまれている人がいるかもしれないのです。

実際、日本のシックハウス症候群の患者数は100万人を超えると推定されていて、さらに、潜在患者数を含めれば1000万人を超えるともいわれています。

家のどこに、どんな物質が？ 住宅に使われる化学物質

室内空気を汚染して、健康被害を生む化学物質ですが、家のどこに、どんな物質が使われているのでしょうか？

実は、柱や壁、フローリング、ドア、断熱材、床下の基礎……一般的な日本の家の場合、そのありとあらゆる場所に、さまざまな化学物質が使われています。

▼発がん性も!?　壁や床、天井から発生するホルムアルデヒド

そのなかでもとくに、シックハウス症候群の原因となる物質としてよく知られているのがホルムアルデヒドです。

ホルムアルデヒドは無色で刺激臭のある気体で、これを水に溶かして約40％の水溶水にしたものがホルマリンです。ホルマリンというと、人間の体の一部や生物の標本に使われる

厚生労働省による
室内空気中化学物質濃度指針値

揮発性有機化合物	室内濃度指針値（25℃の場合）		主な発生源
ホルムアルデヒド	100μg/m3	0.08ppm	合成樹脂，接着剤，防腐剤の原料，合板，パーティクルボード，壁紙用接着剤等
アセトアルデヒド	48μg/m3	0.03ppm	接着剤，防腐剤等，喫煙でも発生
トルエン	260μg/m3	0.07ppm	接着剤，防腐剤等，希釈剤等
キシレン	870μg/m3	0.20ppm	接着剤，防腐剤等，希釈剤等
p-ジクロロベンゼン	240μg/m3	0.04ppm	衣類の防虫剤，トイレの芳香剤等
エチルベンゼン	3800μg/m3	0.88ppm	接着剤，塗料の溶剤，希釈剤等
スチレン	220μg/m3	0.05ppm	ポリスチレンの樹脂，合成ゴムなどに含まれる高分子化合物の原料
クロルピリホス	1μg/m3	0.07ppb	防蟻剤
フェノブカルブ	33μg/m3	3.8ppb	防蟻剤
フタル酸ジ-n-ブチル	220μg/m3	0.02ppm	塗料，顔料，接着剤，塩ビ製品の加工剤，可塑剤
テトラデカン	330μg/m3	0.04ppm	塗料等の溶剤，灯油の揮発成分
フタル酸ジ-2-エチルヘキシル	120μg/m3	7.6ppb	壁紙，床剤，各種フィルム，電線被覆などの可塑剤
ダイアジノン	0.29μg/m3	0.02ppb	有機リン系殺虫剤，防蟻剤
総揮発性有機化合物量（TVOC）	暫定目標値 400μg/m3	――	――

出典　『健康に暮らすための住まいと住まい方 エビデンス集』（健康維持増進住宅研究委員会　健康維持増進住宅研究コンソーシアム編著　技報堂出版）

指針値が定められている
揮発性有機化合物とその健康影響

揮発性有機化合物	健康影響
ホルムアルデヒド	短期：のどの炎症，目や鼻の刺激，流涙，呼吸器の不快感 長期：発がん性（IARC・2Aランク＝恐らく発がん性がある）
アセトアルデヒド	短期：蒸気は目・鼻・のどの刺激，目に侵入すると結膜炎や目のかすみ 長期：直接接触で発赤・皮膚炎，高濃度蒸気吸入で麻酔作用・意識混濁・気管支炎・肺浮腫
トルエン	短期：目や気道への刺激，精神錯乱・疲労・吐き気など中枢神経への影響，意識低下や不整脈 長期：頭痛・疲労・脱力感など神経症状，不整脈
キシレン	短期：のどや目の刺激，頭痛，疲労，精神錯乱 長期：頭痛・不眠症・興奮などの精神症状
p- ジクロロベンゼン	短期：目・皮膚・気道の刺激，肝臓・腎臓の機能低下・損傷 長期：肝臓・腎臓・肺への影響
エチルベンゼン	短期：のど・目の刺激，めまい・意識低下などの中枢神経系影響 長期：皮膚炎
スチレン	短期：目・鼻・のどの刺激，眠気，脱力感 長期：肺・中枢神経影響，眠気，めまい
クロルピリポス	短期：急性中毒で縮瞳・意識混濁・けいれん等の神経障害
フェノブカルブ	高濃度蒸気・粉塵の吸入でけん怠感・頭痛・めまい・悪心・嘔吐・腹痛などの中毒症状 重傷で縮瞳・意識混濁など，皮膚への付着で紅斑・浮腫
フタル酸ジ -n- ブチル	短期：目・皮膚・気道への刺激，誤飲により吐き気・めまい・目の痛み・流涙・結膜炎
テトラデカン	短期：高濃度で麻酔作用，皮膚の乾燥・角化・亀裂 長期：接触性皮膚炎
フタル酸ジ -2- エチルヘキシル	短期：目・皮膚・気道への刺激，下痢など消化管への影響 長期：皮膚炎，内分泌かく乱性（ホルモン）の指摘あり
ダイアジノン	短期：重症の急性中毒で縮瞳・意識混濁・けいれんなどの神経障害

出典 『健康に暮らすための住まいと住まい方 エビデンス集』（健康維持増進住宅研究委員会　健康維持増進住宅研究コンソーシアム編著　技報堂出版）

液体として知られていますよね。このことからもわかるとおり、ホルムアルデヒドには、腐敗を防ぐ働きがあり、壁紙などのあらゆる製品の防腐剤として使われます。また、合板をつくるときや壁紙をつけるときの接着剤の原料にも含まれています。つまり、壁にも、床にも、天井にも、ホルムアルデヒドが使われている可能性があるわけです。

このホルムアルデヒドが体に入ると、目がチカチカして涙が出たり、のどの不快感や痛み、せきといった症状が引き起こされることになります。

さらに長期的にみると「おそらく、発がん性がある」とされています。

ホルムアルデヒドのほか、合板や床材、壁紙に使われる塗料や接着剤を塗りやすくするための「トルエン」「キシレン」、断熱材の原料となる「スチレン」、シロアリ対策用の「フェノブカルブ」など、私たちの住まいにはさまざまな化学物質が使われています。これらがシックハウスの原因と考えられているのです。

▼築20年たってもなくならない室内空気の汚染

ホルムアルデヒドをはじめ、先述した化学物質は揮発性有機化合物（ＶＯＣ）と呼ばれます。揮発性有機化合物は、常温で空気中に蒸発しやすいのが特徴。そのため、建材や家具にこれらの物質が使われていると、そこから有害なガスが発生して室内空気が汚染されます。住人はその汚染された空気を吸って生活することになります。

そこで厚生労働省は「シックハウス（室内空気汚染）問題に関する検討会」を開き、13の揮発性有機化合物について指針値を設定しています。この値は「現時点で入手可能な毒性にかかわる科学的知見から、ヒトがその濃度の空気を一生涯にわたって摂取しても、健康への有害な影響を受けないであろうと判断される値」とされています。

また、そのほか厚生労働省は、総揮発性有機化合物量の暫定目標値も策定。総揮発性有機化合物量とは、室内空気に含まれる揮発性有機化合物の総量のことで、その目標値は400μg／㎥となっています。

ところが、某住宅メーカーが建てた築20年の住宅の室内空気に含まれる揮発性有機化合物の量を測定したことがありますが、左のグラフをみてみると（147ページ）、その量は毎日400μg／㎥を超えており、健康被害の可能性を心配すべき状態にあることを示し

室内空気中の揮発性化合物テスト結果

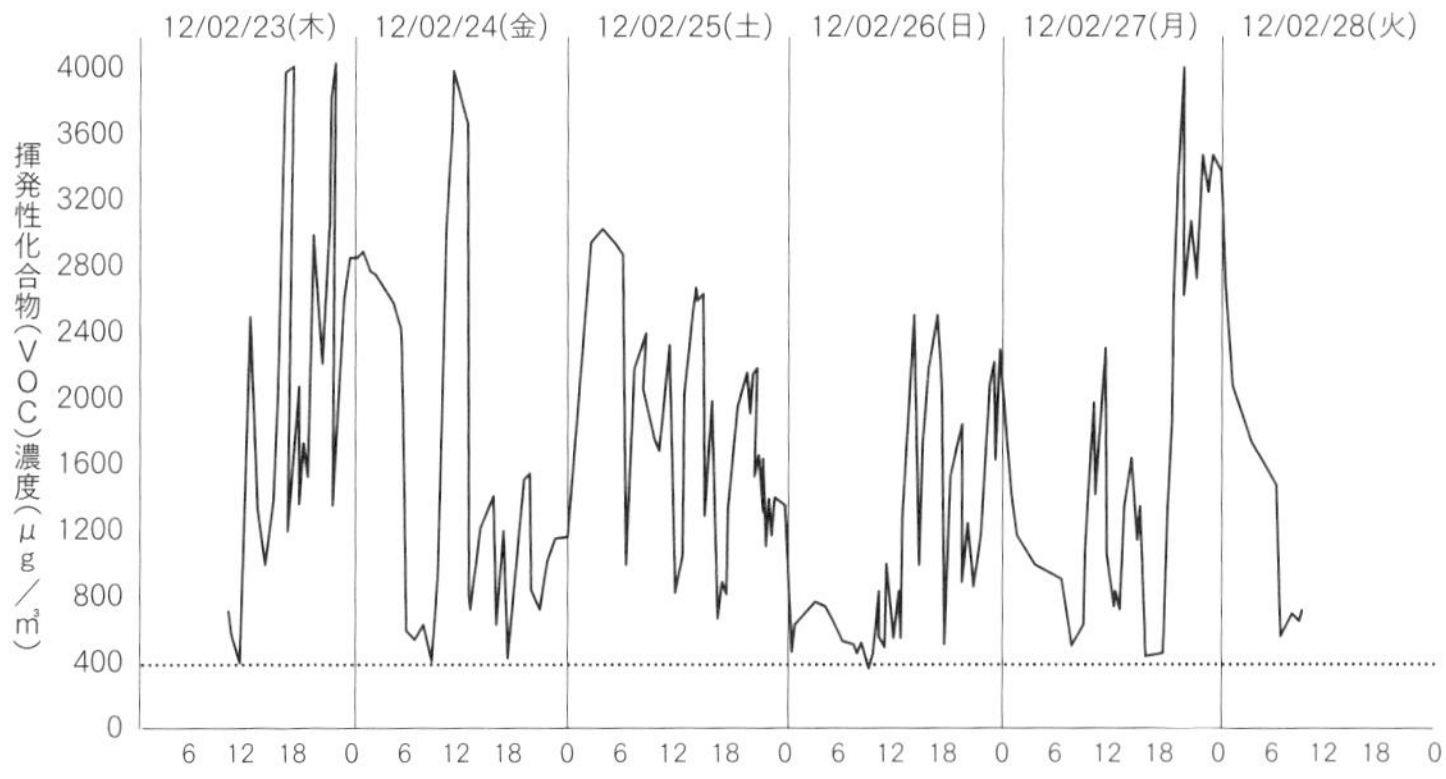

出典 神栄テクノロジー株式会社エアアドバイス測定レポートより

ています。しかも、これは決して稀なケースではないのです。

あなたが毎日吸っている家の空気にも、有害な化学物質が含まれている可能性が高いと考えてよいでしょう。

「国が定めた値なら安全」とは限らない

146ページでも述べたとおり、ホルムアルデヒドなど、シックハウス症候群の原因になると考えられている13の揮発性有機化合物については指針値が設けられており、現在、その使用をできるだけ減量するための対策も行われるようになってきています。

たとえば、２００３年に改正された建築基準法によって、防蟻剤として使用されていたクロルピリホスは、居室のある建築物での使用は禁止されましたし、ホルムアルデヒドに関しても内装仕上げや天井裏などでの使用が制限されました。

▼化学物質の少ない建材も、たくさん使えば空気は汚れる

建築基準法の改正に伴ってＪＩＳ（日本工業規格）では、内装に使われる建材に、ホルムアルデヒドの放散量を表す「Ｆ☆☆☆☆」「Ｆ☆☆☆」「Ｆ☆☆」というマークの表示を義務づけています。

☆の数が多いほど、放散されるホルムアルデヒドの量は少ないということを意味しています。「Ｆ☆☆☆☆」であれば制限なく使用することができますが、「Ｆ☆☆」「Ｆ☆☆」は使用量の制限があります。このマークのない建材は、使用が禁止されています。

そのため、「我が社の住宅は、すべてＦ☆☆☆☆の建材を使っているので、安全です！」とアピールする住宅メーカーの営業マンも多くいますし、実際に、そんなセールストークを耳にした方もいるでしょう。

けれども、F☆☆☆☆の建材を使っていれば、本当に安心・安全なのでしょうか？

答えは「ＮＯ」です。

F☆☆☆☆の建材は、ホルムアルデヒドの放散量が少ないとはいえ、ゼロではありません。壁紙、フローリング、天井材、断熱材……いろいろなところに使えば、それだけ、空気中のホルムアルデヒドの量は増えてしまうのです。

▼指針値が決まっていない物質もシックハウス症候群を引き起こす

さらに言えば、シックハウス症候群の原因になるといわれている化学物質は、ホルムアルデヒドだけではありません。１４３ページの表にあるように、住宅で使用できないクロルピリホスを除いても、指針値が定められている化学物質は他に11種類あります。そして、これらについては何の規制もないのが現状です。

それにそもそも、住宅の建材には、指針値が指定されている13の物質だけではなく、まだまだたくさんの化学物質が使われています。

２０１６年、東京都が実施した居住環境詳細調査で、10件の住宅で揮発性有機化合物など77物質について測定をおこなうと、外気からは23物質、室内からは53物質が検出されたそうです。さらに、アメリカの専門機関では、ＶＯＣの種類を登録しているのですが、その数は1億種類にものぼるそうです。

「13物質を含まない」という建材や製品であっても、その代わりに別の化学物質が使われていることが多く、最近では、それが原因で起こるシックハウス症候群も問題になりつつあるのです。

▼いつ発症するかわからないシックハウス症候群

化学物質による体への影響は、はっきりと解明されたわけではありません。「体に影響が出ないだろう」とされている指針値以下であれば安全かというと、そうとも言い切れないのです。

同じ環境にいてもシックハウス症候群を発症する人もいれば、発症しない人もいます。微量の化学物質であっても、シックハウス症候群になる人はいます。

さらに、いつ、どのタイミングで発症するかもわかりません。

「シックハウス症候群の症状はないし、引っ越す予定もないから大丈夫」という人がいるかもしれませんが、それは間違い。

微量の化学物質であっても、長期間、吸い込んでいれば、体のなかに過剰に蓄積されてしまいます。そして、コップの水があふれてしまうように、化学物質に対して過敏に反応する体になってしまいます。このような状態を化学物質過敏症と言います。

シックハウス症候群も、化学物質過敏症の一種です。長年、化学物質で汚れた室内空気を吸い続けることで、突然、発症することもあり得るのです。

一番の対策は「換気」汚れた空気を追い出そう

シックハウス症候群は、環境を改善すれば症状はおさまりますが、化学物質が体内に過剰に蓄積されて、化学物質過敏症となってしまうと、有効で根本的な治療法がないのが現状です。すると、144ページのような症状にずっと悩まされることになります。

そうならないためには、早めの対策が必要です。

▼2カ所窓を開けて、空気が入れ替わる家に

まず、やるべきことは、室内空気をきれいにすること。そのためには「換気」が重要です。

1章でも述べたとおり、性能の高い24時間換気システムが設置されているのであれば、それを常に使用して、化学物質で汚れた空気を排出し、外気を取り入れるようにします。

ただ、古い家の場合、換気設備がないことも多いでしょうし、たとえ設置されていたとしても十分な機能を持ち合わせていない設備もたくさんあります。

十分な換気システムがないのであれば、自宅にいるときは2カ所以上の窓を開け換気扇を回し、空気の流れをつくって、換気をおこないましょう。

就寝中は窓を閉めてもよいですが、その間、室内空気の化学物質の量は増加します。できれば窓を少しずつでも開けておいてほしいですね。それが難しい場合は、朝、起きたら、すぐに窓を開けて空気を入れ換えましょう。詳しい換気の方法は46ページを参考にしてください。

▼空気清浄機の上手な使い方

室内空気をきれいにする効果があるといわれる空気清浄機ですが、補助的に使うのであればシックハウス症候群対策に役立つと思います。ただし、小さな物質までキャッチできる製品を選ぶことが大切です。

置き場所は、家のなかで人が集まるところで、ダイニングやリビングが第一候補。人が動き回ると、ほこりやダニの死骸などが舞い上がり、余計に空気が汚くなるので、空気清浄機は役に立ちます。24時間、起動し続けるようにしましょう。

余裕があれば寝室にも置くのがベスト。寝ている間、窓が開けられない分、空気清浄機でカバーすることができます。

ただし空気清浄機は、換気装置ではないことを知っておいてください。

内装・インテリアで空気中の化学物質をキャッチ

換気すること以外でできる室内空気をきれいにする工夫としては、空気中の化学物質などを吸着・分解してくれる内装材やインテリアを利用する方法があります。

▼漆喰壁が化学物質を吸着・分解

効果的なのが、壁に「漆喰（しっくい）」を使うこと。漆喰は日本古来の塗り壁材で、一般的に、消石灰にスサ（刻んだ麻など）と海藻のりを混ぜて、水で練ったものを利用します。漆喰は自然のものでできていて安心ですし、吸湿・放湿性や耐火性に優れていて、カビやダニにも強いなど、日本の風土や建築に合っているのが特徴。さらに、ホルムアルデヒドをはじめとした化学物質を吸着・分解する働きもあることが知られています。

漆喰に使われる消石灰は、小さな穴がたくさんあいた多孔質の物質で、化学物質を吸着し、無害化してくれるのです。

また、漆喰と同じく、多孔質のタイルにも同じような効果が期待できます。

部屋の壁を、一面だけでも漆喰や多孔質のタイルにすると、室内空気を浄化する効果がありまます。壁のリフォームをするなら、漆喰壁やタイル壁がおすすめです。

今は、素人でも比較的、簡単に塗れる漆喰のキットが市販されていますし、タイルを自分で貼る人も増えているようです。興味がある人は、DIYで壁のリフォームに挑戦してみてもよいと思います。

ただ、壁紙の上から塗ると、せっかくの漆喰の性能が落ちることになりますし、耐久性も弱まります。だからといって壁紙をはがすとなると、その分、かなりの労力が必要です。当然、プロにくらべれば、仕上がりも悪くなるのがふつうでしょう。

以上のようなメリット・デメリットを考えて、自分で塗り直すか、プロにお願いするか、検討してみてください。

▼炭や観葉植物も効果あり

壁のリフォームまでは手が回らないという人は、室内の空気をきれいにする効果のあるものを室内に配置してみてはいかがでしょうか？

たとえば、炭をインテリアとして置くのもよいと思います。炭は多孔質の消臭剤として使われることが多いですが、化学物質を吸着・分解する効果もあります。カゴやお皿に木炭やヤシガラ炭を並べて、リビングや寝室にインテリアとして飾ってみてください。

また、常に呼吸をしている観葉植物も化学物質を吸って、空気をきれいにする働きがあります。ただし、観葉植物は水分も吐き出すので、部屋の湿度を上昇させます。換気がきちんとできている部屋に置くようにしましょう。

▼家のなかに、なるべく化学物質を持ち込まない

ホルムアルデヒドなど、シックハウス症候群の原因になる化学物質が使われているのは、柱やフローリング材、壁紙などの建材だけではありません。いすやテーブル、食器棚といった家具や、カーテン、じゅうたん、殺虫剤や防虫剤など、私たちの身の回りにあるさまざまなものに使われます。当然、それらも室内空気を汚す原因になっています。

通信販売で買った家具が届いて、段ボールを開けると、つんと鼻につく嫌なにおいを感じたり、大型家具店に行くと具合が悪くなったり、といった経験をしたことがある人もいるのではないでしょうか。

家具などのインテリアには、ほとんどすべてのものに化学物質が使われていると思って間違いないでしょう。ただ、探せば、化学物質をできるだけ使わないようにしている製品はあります。

家具を選ぶときには、デザインだけでなく、どんな材料を使っているのかもチェックし、検討したうえで購入するべきです。たとえば合板ではなく無垢材を使っているもの、化学物質の少ない接着剤や植物性の塗料を使っているもの、F☆☆☆☆の材料を使った家具などを選ぶとよいでしょう。

6章

「音がうるさい家」があなたを病気にする

知らず知らずのうちにたまっている音のストレス

私たちは音に囲まれて生活しています。人の話し声やテレビの音、家電が動く音、キッチンで作業する音、部屋を歩く足音、外の車の音や雨の音、隣の家の音……ひとつひとつあげていくと、私たちは常にさまざまな音を耳にしていることがわかります。その当たり前になっている周囲の音が、私たちの心や身体に影響を与えることがあるのです。

▼騒音は「大きな音」とは限らない

わかりやすいのが、外から電車が通る大きな音やひっきりなしに聞こえる工事の音。こういった騒音がストレスになるのは、みなさん経験上知っているでしょう。家の外からの音にさらされていると、気持ちが休まりませんし、時間帯によっては睡眠不足にもなります。

日常生活での一般的な騒音レベル

騒音レベル［dB］		音の大きさのめやす	
極めてうるさい	140	ジェットエンジンの近く	聴覚機能に異常をきたす
	130	肉体的な苦痛を感じる限界	
	120	飛行機のプロペラエンジンの直前・近くの雷鳴	
	110	ヘリコプターの近く・自動車のクラクションの直前	
	100	電車が通る時のガード下・自動車のクラクション	
	90	大声・犬の鳴き声・大声による独唱・騒々しい工場内	極めてうるさい
	80	地下鉄の車内（窓を開けたとき）・ピアノの音 聴力障害の限界	
うるさい	70	掃除機・騒々しい街頭・キータイプの音	うるさい
	60	普通の会話・チャイム・時速40キロで走る自動車の内部	
普通	50	エアコンの室外機・静かな事務所	日常生活で望ましい範囲
	40	静かな住宅地・深夜の市内・図書館	
静か	30	ささやき声・深夜の郊外	静か
	20	ささやき声・木の葉のふれあう音	

出典　東邦精機株式会社ホームページ技術情報より

室内騒音と住宅における生活実感との関係

騒音レベル［dB］	道路騒音などの不規則変動音	自室内の聞き騒音	共用設備（自室外）からの騒音
75	非常にうるさい	うるさくて我慢できない	うるさくて我慢できない
70	かなりうるさい	非常にうるさい	うるさくて我慢できない
65	非常に大きく聞こえ、うるさい	かなりうるさい、かなり大きな声を出さないと会話ができない	非常にうるさい
60	かなり大きく聞こえ、うるさい	非常に大きく聞こえうるさい、声を大きくすれば会話ができる	非常に大きく聞こえ、かなりうるさい
55	大きく聞こえ、少しうるさい	かなり大きく聞こえる、多少注意すれば通常の会話は可能	非常に大きく聞こえ、かなりうるさい
50	多少大きく聞こえる	大きく聞こえる、通常の会話は可能	かなり大きく聞こえる
45	聞こえるがほとんど気にならない	多少大きく聞こえる、通常の会話は十分に可能	大きく聞こえ、気になる
40	小さく聞こえる	聞こえる会話には支障なし	多少大きく聞こえる
35	非常に小さく聞こえる	小さく聞こえる	聞こえる
30	ほとんど聞こえない	非常に小さく聞こえる	小さく聞こえる
25	通常では聞こえない	ほとんど聞こえない	非常に小さく聞こえる

出典　東邦精機株式会社ホームページ技術情報より

ただ「騒音」はなにも、電車の音や工事の音のような大きな音とは限りません。家で本を読んでいるときやオフィスで仕事をしているときなら、人の話し声やキーボードをたたく音が耳障りだと感じることもあるものです。

実際、一般的な会話の声はだいたい60デシベルくらいだといわれていますが、部屋のなかにいるときの60デシベルは、非常に大きく聞こえるのだそうです。たとえば、となりで自分とは関係のない会話をされ続けると、うるさいと感じるのではないでしょうか。うるさいと感じた時点で、それはストレスになります。自分のやりたいことに集中できませんし、くつろぐこともできません。人、場所、状況によっては、人の声だって騒音になり、ストレスになるのです。

ちなみに、人がストレスを受けずに快適に過ごせるのは、音が40～50デシベル程度の環境だといわれています。ただし、夜、まわりが静かな時間帯であれば、それ以下の音量でも、うるさく感じることもあります。

外の騒音だけじゃない！「家のなかの音」が大問題

一般的に騒音というと「外から聞こえる気になる音」という認識があるかもしれません。たしかに、外を走る車やバイクの音、隣の子どもの声、マンションの上の階から聞こえる足音などに悩まされることもあるでしょう。

しかしながら、騒音は屋外やご近所の音だけではありません。生活音（家のなかの音）も騒音になりえます。

▼自分の家の生活音が「騒音」に

有名住宅メーカーで家を新築した人や中古住宅を購入した人から、こんな感想を耳にすることがあります。

「リビングの声や音が思った以上に響くのでびっくりした」

「夜、寝た後、キッチンの食洗機の音が聞こえてきて寝つけない」
「2階の子ども部屋で遊ぶ音がリビングにまで響いてうるさい」
「2階のトイレを流す音が1階にまで聞こえてくるのが気になる」
話し声や足音、道具を使う音など、生活音が思いのほか気になるという人が多いのです。

家を買ったり、借りたりするとき、屋外の音がうるさくないか、あるいは家の音が外にもれないかは気にしても、家のなかの音の伝わり方、響き方にまで気を使う人は少ないかもしれません。

しかし、実際に生活してみると、生活音に悩まされる人は多くいます。

騒音になりうる生活音には以下のようなものがあります。

①家庭用電化製品からの騒音（冷蔵庫、洗濯機、乾燥機、掃除機などの音）
②家庭用設備、住宅構造面からの騒音（エアコン、バス・トイレの給排水、ドアの開閉音など）
③音響機器からの音（ピアノ、ステレオ、テレビなどの音）

④ 生活行動に伴う音（話し声、泣き声、笑い声、跳びはねる音など）
⑤ その他（ペットの鳴き声、風鈴の音など）

毎日、ゆっくりくつろげるはずの家で、耳障りな音がすると、本当の意味で心身を休めることはできないでしょう。

「とくに気にならない」という場合でも、「奥さんがキッチンで料理をつくっていると、テレビの音が聞き取りにくい」「リビングのテレビがついていると、となりの部屋でも会話がしにくい」「ドアの開閉音が響いて、びっくりするときがある」ということはありませんか？

もしあるならば、あなたの家は「音が響きやすい家」なのかもしれません。そこで暮らしていると、知らず知らずのうちに音ストレスがたまっている可能性があります。

▼「家のなかの騒音」でプライバシーがなくなる

家のなかの音が響きやすいと、プライバシーの問題も起こります。「同じ家族なんだから、いいじゃないか」という人もいるでしょうが、2世帯住宅の場合はどうでしょう。生活音が筒抜けだと、生活スタイルの違う親世帯、子世帯で、「夜遅くまで音がして眠れない」「朝早くから起こされる」といった騒音問題が起きます。そしてそれはお互いのプライバシーの侵害にもつながることに。

「昨日、遅くまで起きていたみたいね」「誰か、お客さんがきていたの？」「宅急便が届いていたみたいだけど、なに？」などと言われて、監視されているような気持ちになったというお嫁さんのお話もよく聞きます。直接はなにも言われなくても、「相手の家の様子がわかる」＝「自分の家の様子も伝わっている」と思うと、居心地が悪いですし、家にいたくなくなってしまいますよね。

家族全員がストレスなく、心地よく暮らすためには、音対策は欠かせないのです。

「音」を置き去りにしてきた日本の住宅メーカー

他の章でも書きましたが、日本の昔ながらの家は、木造で、襖や障子をはずせば、家中を風が通り抜け、空気が入れ替わるのが特徴でした。初夏から夏にかけて湿気が多い日本では、それが、家を長持ちさせるための工夫でもあったのです。

「風通しがよいこと」が求められてきた日本の住宅は、当然ながら、騒音対策など施されていませんでした。

▼窓から音が侵入しやすい日本の住宅

では、現代の住宅はどうでしょうか？

昔のような風が通り抜けるスカスカな家は少なくなり、気密性も高くなっていますが、それでも音対策が十分だとは言い難い状態です。

築年数が古い家は当然ですが、比較的新しい家でも、屋外やご近所からの騒音が気になる家は少なくありません。その場合、多くは窓に原因があります。日本には、外国のように窓についての規制がなく、住宅メーカーが建てた一般的な家の場合、窓の遮音性能が十分ではありません。そのため、窓から音が侵入してきたり、もれたりするのです。とくに窓の多い戸建ての場合、外からの騒音を感じやすい傾向があります。

気密性が高いマンションの場合でも、床の遮音性能が悪かったり、床のコンクリートの厚みが薄かったりすると、上の階の足音やモノを落とす音が気になる場合もあります。

家の外から音が入ってくるということは、自分の家の音も外に伝わっているということ。外にテレビの音や話し声、トイレの音などが丸聞こえなんて、はずかしいですし、気をつかいますよね。

また、とくにマンションの場合、お子さんがいると、しょっちゅう「静かにして！」「近所迷惑になるでしょ」などと注意している方も多いのでは？　もちろん、ある程度のルールは必要ですが、自分の家にいるのに、子どもがのびのびできないなんて、不幸な話です。

日本の家は「住む人が心からくつろげる家」からは、ほど遠いと感じます。

▼高気密の家は音が反響しやすい

一方、家のなかの音に対する対策はというと、屋外の騒音や音漏れ対策よりも断然遅れているといえるでしょう。

最近増えている「高気密・高断熱住宅」といわれる家の場合、室内の音が思っている以上に響きやすく、暮らしの邪魔をするのです。

壁や窓のサッシ部分にすき間があったり、窓の性能がよくないと、そこから音が外にもれていくので、家のなかの音はあまり気になりません。でも、すき間が少ない家は、音の逃げ場がなく、室内で大きく響くことになるのです。

家を買うときや借りるとき、室内の音がどれくらい響くのか調べるには、実際にその家に行って、音を聞くことです。家を建てる場合は、その住宅メーカーが建てた家に住んでいるお宅へお邪魔するのがベストです。

そうしないと、実際に生活を始めてから、音ストレスに悩まされるようになります。

意外と知らない音と健康の関係

家のなかで耳に入る音に対して「うるさい」「ちょっと邪魔だな」と感じたり、人の声やテレビの音が聞き取りづらかったりすると、ストレスになります。これまでの話でもおわかりいただけたと思いますし、実際、自分自身で経験している人も多いでしょう。

こういった音ストレスがあると、イライラして心は休まりませんし、集中力もなくなります。イライラすると、人に対する言動にも影響が出て、もしかしたら夫婦げんかの原因になるかもしれません。また、集中力がなくなると、家事がうまくこなせなくなることもあるでしょうし、お子さんなら勉強に手がつかなくなるでしょう。音ストレスは人の心理や行動に悪影響を与えるのです。

それだけではありません。音によるストレスは健康にも害を与えます。

▼音ストレスは自律神経を乱す

音ストレスにさらされ続けると、自律神経のバランスが崩れて、悪化すると自律神経失調症になります。

前の章でも説明しましたが、自律神経には、無意識に体のさまざまな機能を一日中調整する働きがあります。たとえば、人は歩いたり、座ったり、食事をしたりするのは意識的におこないますが、呼吸をしたり、体に入ってきた食べ物を消化・吸収したり、心臓を動かして体中に血液を巡らせたりするのは、自律神経が無意識のうちにおこなっています。

自律神経は交感神経と副交感神経からなり、この2つの神経がうまくバランスをとりながら働き、体の機能を維持しています。それが、何らかの理由でこのバランスが悪くなると、体のさまざまなところに不調が現れてしまうのです。

音ストレスも、この自律神経のバランスを崩す原因のひとつです。

自律神経が乱れると、現れる不調はさまざまで、人によって違います。たとえば、動悸、息切れ、めまい、頭痛、食欲不振、便秘、下痢、生理不順、不眠、体の疲れがとれないなど、体中に症状が現れる可能性があります。憂うつな気分、不安感、イライラなど、精神状態も不安定になります。

さらに困るのは、自律神経失調症になると聴覚過敏になり、ちょっとした音でも気になるようになること。それがまたストレスとなって、ますます心身の健康をむしばむ結果になります。そうなる前に、住宅の音ストレスを改善する対策をはじめるのが肝心です。

屋外の騒音をなんとかしたいなら窓辺の対策を

これまで述べてきたように住宅で問題になる騒音には、屋外からの騒音と、屋内の騒音、2つの騒音があります。騒音をできるだけなくして、ストレスや体調不良を防ぐには、この2つの騒音に対する対策が必要です。

まず、車の音やとなりの家から聞こえるピアノの音など、屋外から聞こえる騒音を減らし、同時に、家から外への音もれを防ぎたい場合。そのためには、窓からの音の出入りを少なくするのが効果的です。

▼防音カーテンで窓からの音の侵入を予防

気密性の高くなってきた日本の住宅でも、窓の遮音性能がイマイチの家が少なくありません。そういうお宅でまず試してほしい騒音対策は、カーテンを替えること。防音カーテン（遮音カーテン）をとりつけてみてください。

防音カーテンは、特殊な織り方をした生地や何重にも層になった生地、金属でコーティングされた生地などを使ったカーテンで、外からの騒音や中から外へ音がもれるのを防ぐ効果があります。もちろん、すべての音をシャットアウトできるわけではありませんが、つけないよりは音ストレスが緩和されると思います。また、断熱効果もあるので、省エネ効果も期待できます。

防音カーテンはサイズが重要。すき間があると効果が半減しますので、きちんと採寸して、窓のサイズにあったカーテンを用意しましょう。

カーテンレールを覆う「カーテンボックス」を使うとさらに効果的です。

▼内窓で窓の遮音性能アップ

もちろん、カーテンを替えるだけよりも、遮音性能の高い窓をつけたほうが騒音の改善効果は高くなります。本当に屋外からの騒音にお困りならば、窓のリフォームを検討してみてください。

その場合、窓ガラスだけを交換しても、サッシのすき間から音が入ってきてしまうので、あまり効果はありません。

それよりも、今ある窓の内側に内窓をつけるほうが遮音効果は高くなります。内窓をとりつけるだけで、騒音は半分にまで軽減できると言われています。

ただ、内窓といっても、ガラスの種類はさまざま。遮音性能だけでなく、断熱性能、結露のできにくさなど、それぞれの特徴や効果をよく聞いて、選ぶことが大切です。

また、ハンドル式の窓など、内窓の設置が難しい窓もあるので、その点も、工事を担当する工務店の人に相談してみてください。

家のなかの反響音は壁対策がカギ

次は、家のなかの騒音対策です。家のなかの音が響いて気になる場合、まず対策すべきは壁です。

▼音を吸収してくれる壁をつくる

家のなかの音は空気を振動させて拡散していきますが、壁にあたるとその一部は空気中にはね返され、残りは壁のなかに入っていきます（吸音）。空気中にはね返された音は、また、壁や床、天井などにあたって一部は跳ね返り、残りは壁や床、天井に侵入して……というのを繰り返すのです。そのなかで、ドアや窓、壁のすき間から、外へ出ていく音もあります。

この音の伝わる過程で、空気中にはね返る音が多いほど、室内の音が反響して、うるさく感じます。

高気密の家の場合、音が外へもれにくいため、当然、室内で音が響きやすくなります。それでも、音が響く家と、響きにくい家があるのは、壁の違いが一因です。音を吸収する効果のある壁があれば、音が反響するのを防げますし、そうでなければ音が反響してうるさく感じます。

具体的には、ビニールクロスの壁は吸音率が低く、反対に自然素材の壁は平均して吸音率が高くなります。ただし素材、表面加工のあるなしにもよります。

部屋のなかの音がうるさいのであれば、部屋の壁の一面だけでも、表面加工した自然素材のものにすると、騒音対策になります。たとえば、化学物質を吸着する効果の高い漆喰の壁は、音を吸収する能力も高いのでおすすめです。ただし、漆喰を塗る方法によって、効果の差が出てきます。

もし、リフォームするのが難しければ、壁の一面に布を垂らしておくだけでも効果があります。吸音効果の高い布なども売っていますが、一般的な布でも効果はあります。

また、フェルトやスポンジのような素材でできた吸音材も市販されているので、それを壁にたてかけて使うのもよいでしょう。上からおしゃれな布を垂らせば、見た目もカバーできます。

しかし、一番効果の高いのは吸音専用素材です。自分で貼りつけることができる市販のものや、見た目のいいスギやヒノキでできたものもあります。

終章
「良い家」を建てたければ数字を知ろう

信頼できる判断材料は「数字」以外にはありえない

住宅メーカーのチラシやホームページに、「夏涼しく、冬温かい家」というキャッチコピーが書かれているのをよく見かけます。みなさんもどこかで一度はご覧になったことがあるのではないでしょうか。

▼根拠となる数字を公表しない住宅メーカー

本当に夏でも涼しく、冬でも暖かく過ごせる家なら、確かに魅力的ですよね。でも、そのチラシやホームページを見てください。たいてい「涼しい」とはだいたい室温が何度で、湿度が何％なのか、「温かい」とは何度〜何度なのか、実際の数字は書いてありません。ましてや、実際に室温や湿度を測り、そのデータを公表しているところはほとんどないのです。

たとえデータを公表していたとしても、ある1日の室温・湿度だったり、居間のデータだけだったり、判断材料となる十分な数値とは言えないものばかり。「住宅メーカーにとって都合のよい数字だけを発表しているんだろう」と思われても仕方ありません。

これではとても、家の善し悪しを判断することはできないでしょう。

自動車の場合、それぞれ、燃費性能やエンジン性能をきちんと数字で表しています。住宅も、室温や湿度などの数値を測定箇所や日時も含めて表記すべきではないでしょうか。

確かに住宅の場合、その土地の気候や家の間取り、住民の数など条件の差が大きく、その分、数値にもばらつきが出ることが考えられるため、表記がむずかしいということもわかります。

しかし、せめて「この条件ではこの数字です」と示すべきものがあってもよいと思います。

実際、私は、住宅業界に入ったときから、住宅の性能や品質を数字で表すよう努めてきました。私は、はじめて建てた建物（自宅兼モデルハウス）について、入居前に調べた数値を、NPO法人健康住宅普及協会の「健康住宅認定制度」の審査報告書にまとめました。

この認定制度では、室温や部屋の湿度のほか、換気、VOC（揮発性有機化合物）、カビ、ダニの数、騒音レベル、床下の温度・湿度、C値・Q値などを計測し、報告する必要があります。

▼当てにならない!? 住宅の評価制度

健康住宅普及協会以外にも、独自に住宅の評価ツールをつくり、公表している団体はあります。

そのひとつが、大手住宅ハウスメーカーが主体となっている「健康維持増進住宅研究コンソーシアム」。

この団体が作成にかかわったのが「住まいの健康性評価ツール CASBEE 健康チェックリスト」という評価ツールです。

しかし、このチェックリストの内容はというと、居間・リビング、寝室、キッチンといった部屋や場所ごとに設けられた「夏、冷房が効かずに暑いと感じることはありますか?」「冬、寒くて眠れないことがありますか?」「カビが発生していますか?」といった質問に答えて、それを点数化するというもの。室温や湿度といった数字を使った評価ではないため、個人の感覚に左右されるとてもあいまいな評価なのです。

いじわるな言い方をすれば、住宅メーカーの都合のいいように評価ができるツールとも言えます。これでは家を判断する材料になるわけがありません。

本当に信頼できる評価は数字だけです。

「夏涼しく、冬温かい」暮らしやすい家を見つけたいなら、数字データを見て、判断するようにしてください。

価格・外観・デザインの説明を信じすぎると必ず残念な家が建つ

家を新築したい、購入したいと思ってモデルハウスを見に行ったことがある人なら聞いたことがあるかもしれませんが、住宅メーカーの営業マンはよく、こんな営業文句を口にします。

「現在、キャンペーン中で特別割引になっていますから、チャンスですよ」

「今はやりのシンプルモダンなデザインとなっています」

「外観デザインは、お客さまのお好みを反映して、いろいろアレンジできるので、ご安心ください」

でも、まずこんなことばかり言う営業マンがいる住宅メーカーで家を建てるのは、やめておくべきです。

▼価格・デザインより、性能をアピールするメーカーを選ぶべし

なぜかというと、健康に気を遣った性能のよい家ならば、まずはそこを説明してくるはずだからです。

あなたが電化製品、たとえば掃除機を売る仕事をしていたとします。お客さまが来たとき、どんなことをアピールしますか？　「吸引力が高い」「音が静か」「排気がきれい」など、その掃除機がいかにすばらしいものか、まずその特長を伝えようとするはずです。

つまり、家で価格（割引額）・外観・デザインばかりを宣伝するのは、そこが、その家の特長だからでしょう。家の性能については、とくにアピールできるところはないと言っているようなものです。

また、少し厳しい言い方をすれば、価格や見た目ばかりを売りにする住宅メーカーが多いのは、お客さんの側にも原因の一端があります。というのも、家を購入する際、値段やデザイン性を重視する人が多く、住宅メーカーはそんな消費者のニーズに応えているという側面もあるからです。

家は高い買い物ですから、もちろん価格は重要です。いくらいい家であっても、予算を大幅にオーバーしていたら、買うことはできません。また、長く暮らす家だからこそ、自分の気に入ったデザインのものを選びたいという気持ちも理解できます。

でも、そこにばかり目がいってしまうと、満足できるのは最初だけ。家自体の性能チェックがおろそかになり、結局、住んだ後で「脱衣所やトイレが寒すぎる」「押し入れにカビが生えやすい」「夏、寝苦しくて2階で眠れない」といった問題点が見つかって、後悔することになる可能性大です。

あるハウスメーカーで家を建てた私の知り合いは「まだ12年も住宅ローンが残っているのに、廊下の床はブカブカで、北側の壁は黒ずみ、手で押すとベコベコします。ふたりの子どもはアトピーになり、主人の鼻炎もひどくなりました。この先どうなるのかとっても不安です」とグチをこぼしています。

こんな残念な家を買わないためには、価格やデザイン以外の、家の性能をしっかり説明する住宅メーカーを選ぶべきなのです。

建てるべきは「病気になりにくい」「住み心地のよい」「長持ちする」家

一生に一度の買い物と言われる住宅。わざわざ何千万円もかけて建てる（買う）のに、「価格が安いだけの家」「外観やデザインがおしゃれで、見た目だけよい家」では、お金の無駄です。本当に建てるべき家は「病気になりにくい家」「住み心地のよい家」、そして「長持ちする家」です。

▼新しい価値観で、100年住める家を選ぼう

【病気になりにくい家】

この本のテーマでもある、住まいと健康の関係。本来、毎日生活する家は、私たちの命や健康を守る場所であるはずです。ところが残念なことに、現在、日本のほとんどの家は、

「病気をつくる家」になっています。人生を左右するほどのお金を使って、入居後、病気になりやすくなったでは話になりません。

空気環境、室温、湿度、音の条件を満たした、病気になりにくい家を選んでください。


【住み心地のよい家】

室内空気がきれいで、適度な室温・湿度が保たれていて、騒音もない家は、住む人が健康でいられると同時に、住み心地もよいでしょう。

想像してみてください。凍えるような寒さのなか家に帰ってきたとき、玄関ドアを開けると、全身をやさしく包み込む暖かさがある家。蒸し暑い梅雨でも、さらっとしたさわやかさがある家。暑い夏、冷房による冷たさではなく、自然な涼しさがある家。木材、畳などの香りがある家。

こんな心地よい家ならば、住んでいる家族には、自然と笑顔が生まれるはずです。


【長持ちする家】

現在、日本住宅の平均寿命は31年といわれています。

また、「家は、40〜50年で建て替えなくてはならないもの」と考えている日本人は多いと思います。けれども、そんなことはありません。

たとえば、床下からカビのはえにくい湿度を保てる家、シロアリの被害がない家を建てれば、家は長持ちします。70〜80年、あるいは100年耐えられる家づくりは可能なのです。

もし、100年長持ちする家が建てられたら、子どもや孫へと受け継ぐことができます。建て替えが必要なければ、住宅ローンに苦しむこともありません。

住宅ローンのない余裕のある生活を後々の人たちに残してあげられます。

また、長持ちする家はカビや雑菌が繁殖しにくく、汚れにくいので、掃除も簡単。きれいな状態を維持できます。

それがわかりやすいのが、手すりや壁、床などの木の部分。使っていくうちに黒ずんで色がかわるのがふつうだと思っているかもしれませんが、そんなことはありません。実は、湿度や換気がしっかり管理されている家ならば、いつまでも色はかわらず、新築のころのままなのです。

実際、私の家を見た方々は、「築15年近いとは思えない」「まだ住んで3年？　4年？　新しい家みたい」と口をそろえておっしゃってくださいます。

何十年たってもきれいな家なら、子どもや孫も「ぜひ住みたい」「相続したい」と思うはず。実際、私が建築した家の施主さんから「独立した子どもたちも、将来は実家に住みたいと言っている」というお話をよく聞きます。

建てて後悔しない家を選ぶには、まず、住宅に対する考え方、価値観を改める必要があります。

家に必要なのは、私たちの健康を守ってくれる性能です。その性能が十分にあれば、住み心地もよく、耐久性も高くなります。

病気になりにくく、住み心地がよく、そして１００年長持ちする家を建てることは可能なのです。

家の性能・品質を表す5つの数字

この章の冒頭でも言いましたが、結局、家の性能・品質を判断するには数字を確認するしかありません。では、数字とは具体的に、何の数字をチェックすればよいのでしょうか。

▼気密性・換気性能・温度・湿度・騒音を数字で確認

「病気になりにくい」「住み心地がよい」「長持ちする」家を選ぶには、以下の5つの数字を判断材料にしてください。

【C値（隙間相当面積）／0・5以下】

その家の隙間の度合いを表す数値で、床1㎡（1m×1m）のスペースに何㎠の隙間があるかを表しています。つまり、数値が小さいほど、その家は気密性が高いということです。

隙間が多ければ、外の気温や湿度の影響をうけやすく、冷暖房もなかなか効きません。快適な室温や湿度を保つのはむずかしくなります。

そこで、私が病気になりにくい家に必要だと思う気密性はC値0・5（㎠／㎡）以下です。つまり、床1㎡あたり0・5㎠の隙間しかないということ。一般的な40坪（約132㎡）の家の場合、家のなかに合わせて66㎠の隙間、つまりハガキ半分よりも小さい隙間しかないということになります。

このくらいの高気密住宅であれば、冷暖房の効きもよくなって、快適な室温・湿度を保てますし、省エネルギーにもつながります。

また、スムーズに部屋の汚れた空気を外へ排出し、必要なだけきれいな空気を取り込めるので、計画的に換気ができます。

ちなみに新築マンションのC値は、だいたい1・0程度だと考えられます。最低限、このくらいの気密性がないと、高気密住宅とは言えないでしょう。

【必要換気回数／0・5回／h】

必要換気回数とは、1時間当たり、何回部屋の空気を入れ換えればよいかを表した数値です。1時間あたり0・5回というのは、1時間のうちに、部屋の半分の空気が入れ替わるようにする必要があるということ。

この数値は、建築基準法によって定められていて、住居には換気回数0・5回／h以上の換気設備の設置が必要になります。

【室温／20〜28℃】

1年中、寒くもなく、暑くもなく、快適に過ごすためには、室温は20〜28℃前後に保つのがベストです。

ただ、これはあくまでも目安で、若い世帯であれば、18℃でも寒くないかもしれませんし、28℃は少し暑いかもしれません。反対に高齢者の場合は、20℃だと少し寒いと感じる人もいると思います。住む人の感覚に合わせて調整することも大切で、それぞれの要望に対応した設備を整え、アドバイスをくれる住宅メーカーを選ぶことも大切でしょう。工法による違いも出てきます。

【湿度／40～60パーセント】

4章でも述べたとおり、日本の家は湿度が高くなりやすく、それがカビやダニの発生につながります。

カビ・ダニを繁殖させず、快適に過ごすためには、40～60パーセントの湿度を保つことが大切です。

【音の大きさ】

音も人それぞれ感じ方が違うためむずかしいところもあるのですが、NPO法人健康住宅普及協会では、部屋によって次のような音の基準を設けています。

私が建てる家も、次の数値を目安にしており、希望があれば、音の測定も行っています。

・寝室　35デシベル
・子ども部屋　昼間40デシベル、夜間35デシベル
・書斎　40デシベル

・リビング　45デシベル
・ダイニング・キッチン　50デシベル

「高気密」「省エネルギー」住宅は本当か？

高気密住宅かどうかを知りたいなら、C値（隙間相当面積）をチェックすればよいとお伝えしましたが、私の見るところ、大手住宅メーカーで、実際にC値を測って公表しているところはほとんどないと言っても過言でないでしょう。

営業マンに「このモデルハウスのC値を教えてほしい」とお願いしても、契約前なら「目標値は○です」「気密性は高いですよ」などとなんだかんだと言を左右にして、実測値は教えてくれないでしょう。というか、本当に測っていない場合も多いと思います。

たとえ、C値の数値を見せてくれるところがあったとしても、0・5（㎠／㎡）以下ということはないと思います。

もし「高気密」を表す優秀な数値を実現しているならば、お客さまから要求される前に、公表してくれているはずですから。

▼住宅メーカーは高気密の住宅をつくれない!?

実は、1992年、国の「住宅・建築物の省エネルギー基準」に加わったC値の基準値ですが、2009年の改定では削除されました。

家の性能を測る上でとても重要な数値なのに、なぜ削除されたのかはなぞです。

ですが、業界では「C値の基準が削除されたのは、その基準値を達成できる大手住宅メーカーが少なく、削除するように横やりが入ったためだろう」ともっぱらのうわさです。

私自身もきっとそうなのだろうと思っています。

もともと国が定めた基準値は、寒い地方ではC値＝2、暖かい地方ではC値＝5と、とても甘いものでした。この数値ではとても高気密とは言えませんし、省エネルギーも期待できないでしょう。

この甘い基準ですら達成できないのですから、その会社が建てる住宅の気密性は、非常に低いと言わざるを得ません。

あなたが選ぼうとしている住宅メーカーのC値を確認してください。たぶん記載されていないのがほとんどでしょう。現実は気密測定さえ行っていないところが多いのです。

数字の裏付けのない「高気密住宅」「省エネルギー住宅」という宣伝文句には惑わされないでください。

室内空気が汚れていないか？化学物質の量も数字で確認

昔のスカスカの家は、その隙間を通って、自然に室内の空気が入れ替わっていましたが、以前に比べれば気密性の高くなった今の住宅では、意図的に換気をしないと、室内空気はどんどん汚れていきます。シックハウス症候群を防ぐためにも、新しく家を建てたり、買ったりする場合は、換気システムのチェックも重要になります。

▼換気計画ではわからない実際の換気量

シックハウス症候群対策として、建築基準法が改正され、住宅には24時間換気システムの設置が義務づけられています。そのため住宅を建てる際、住宅メーカーや工務店は換気システムの設計を行い、それを「換気計画図」にまとめなければなりません。換気計画図を見れば、給気口や排気口の位置や、換気システムの機能（消音、除湿、保温）、空気の流れのほか、1時間でどのくらい給気・排気されるのか、換気量もわかります。家全体の空気の量（気積）は、設計図に書かれているはずですので、それと比べれば、1時間に家全体の半分の空気が入れ替わっているかが確認できます。

ただし、これはあくまで図面上の話です。この換気計画図のとおりに換気ができているかどうかチェックする義務はありませんし、実際、調べている住宅メーカーはないと思います。そのため厳密に言えば、換気計画が完璧であっても、室内空気がきれいに保たれているとは言い切れないのです。

▼空気の汚れも数値で確認できる

実際、換気が十分にできているかどうかを確認するには、室内空気を調べてみるしかありません。空気中の化学物質（揮発性有機化合物／VOC）やハウスダスト、一酸化炭素、二酸化炭素の量や、温度、湿度を調べるのです。

202〜203ページの図は、それらの量に関して、ある住宅メーカーの住宅と、私の自宅兼モデルハウスの空気を1週間、調べて比べてみたデータです。この結果が、お施主

テスト結果(ある住宅メーカーの住宅)

VOC

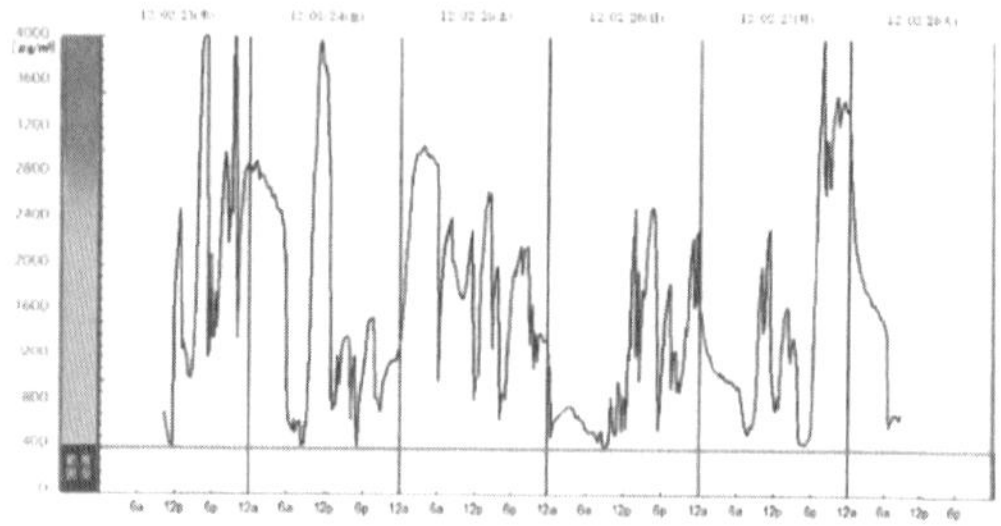

ハウスダスト

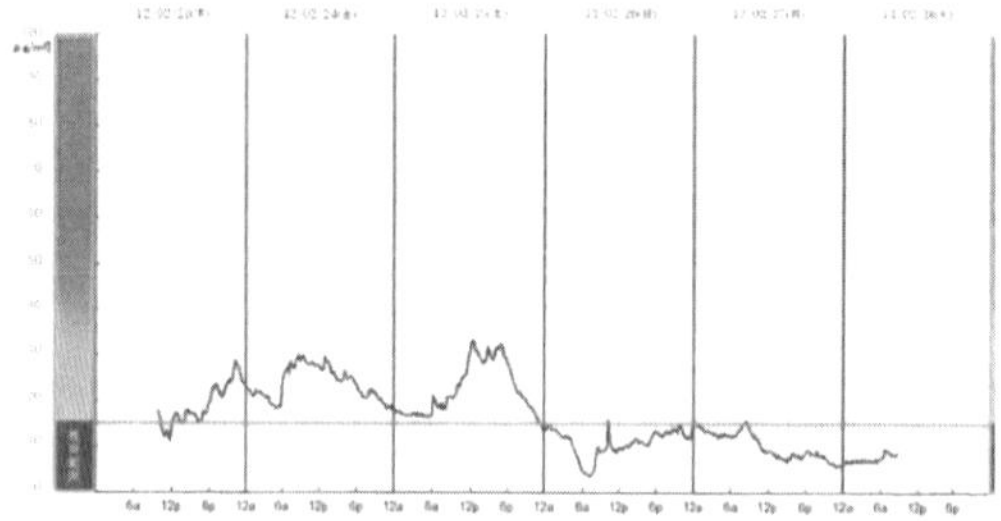

二酸化炭素

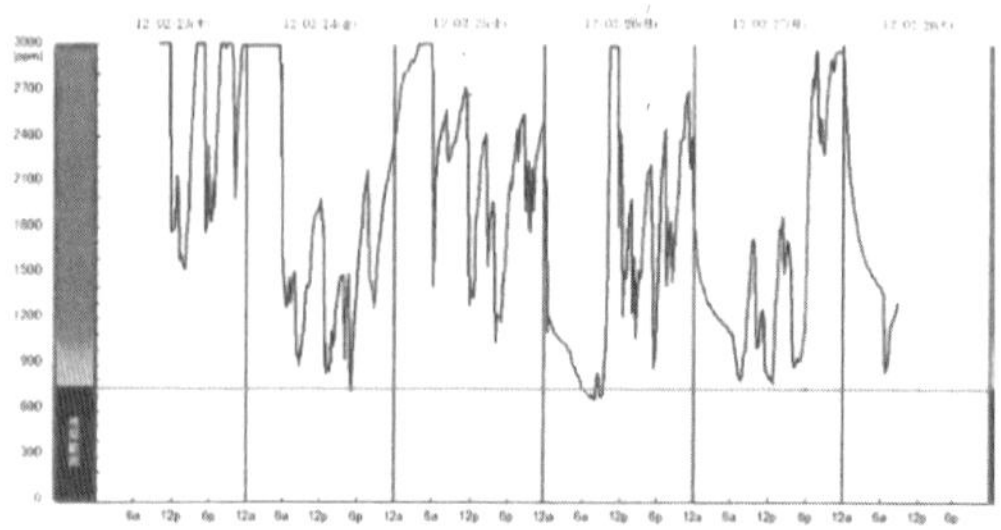

テスト結果（私の自宅兼モデルハウス）

VOC

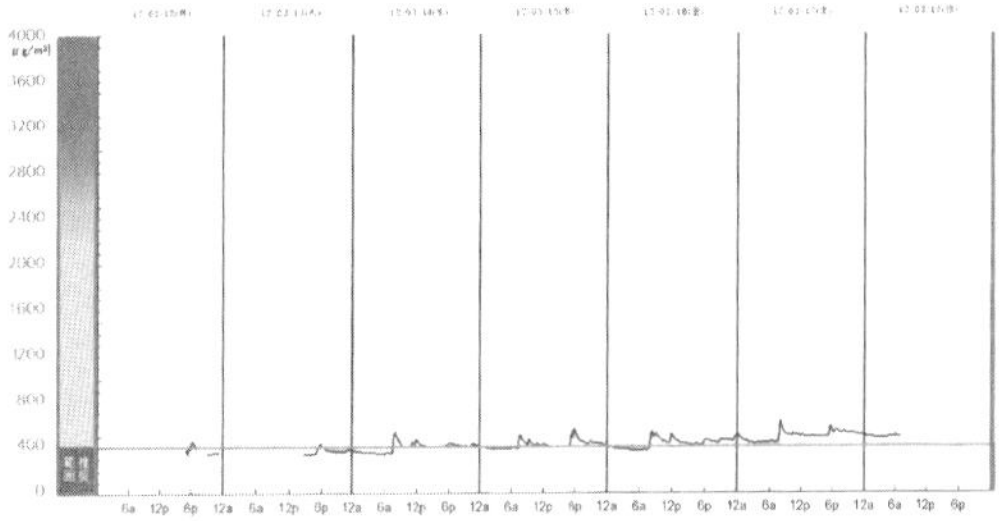

ハウスダスト

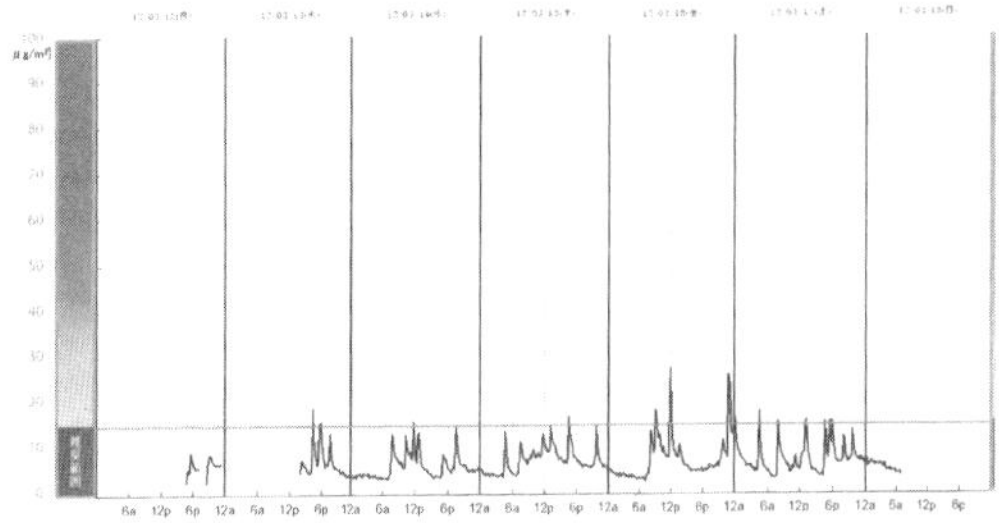

二酸化炭素

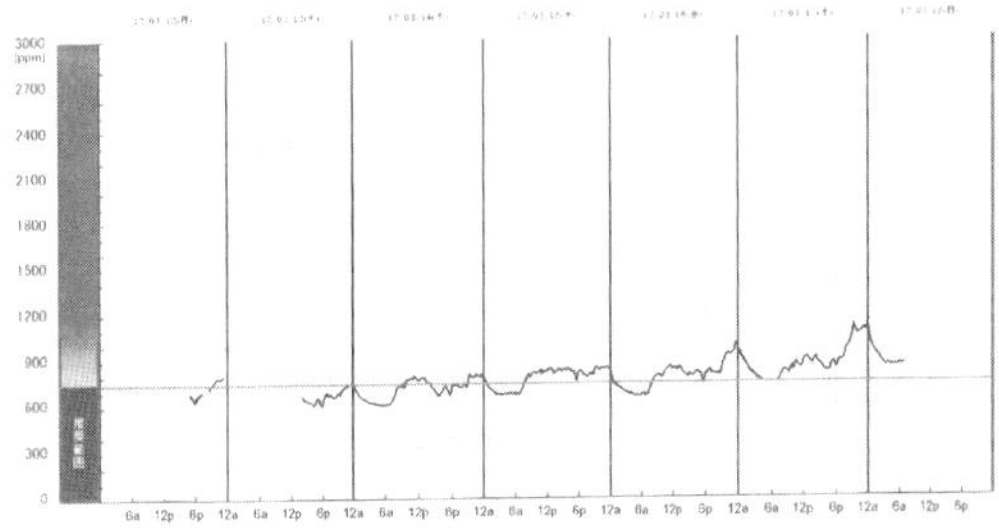

様の建て替えのきっかけになりました。

これを見てみると、住宅メーカーの住宅は、推奨範囲よりも大幅に多い量が検出されていることがわかります。一方、私の家の空気は、ほぼ推奨範囲くらいにおさまっていました。

つまり、この住宅メーカーの家は換気が十分に機能していないということになり、換気システムの性能や使い方を見直す必要があるでしょう。


一方、わが家の場合は、換気システムが十分に働いていると言えますし、それだけでなく、化学物質をあまり使っていないことも、この結果につながっていると考えられます。

私の建てる家は、壁や床、天井、手すりなどに無垢材や漆喰などの自然素材を多く用いて、合板やビニールクロスなどの使用を減らしています。

また、シロアリ対策に関しても防蟻剤（薬）を使用せず、シロアリの頭よりも細かいステンレスの金網を基礎の部分に隙間なく貼って、物理的に侵入を防ぐ特別な工法を採用しています。

室温・湿度は「一定であること」が重要

家を建てるとき、あるいは買うとき、確認すべき数字として「室温20〜28℃」「湿度40〜60パーセント」をあげましたが、この数字をチェックするとき重要なのは、「一定であるかどうかを確認すること」です。

▼冬でも夏でも、居間もトイレも、温度・湿度が一定の家はつくれる

たとえば、リビングが20〜28℃だったとしても、トイレや脱衣所が震えるくらい寒かったり、屋根裏部屋がむせかえるように暑かったら？　室内の湿度は40〜60パーセントなのに、押し入れのなかの湿度が60パーセント以上だったら？　どちらも性能がよい家とは言えません。家中の温度・湿度が基準値以内におさまっていなければいけません。

また、時間によって差があるのもいけません。太陽が出ているときは暖かいけれど、朝・晩になると寒いのでは快適とは言えませんよね。場所や時間によって温度差ができると、血圧の上昇につながるなど、体へも悪影響になります。

そして、日本には四季があります。冬になると室温が下がって寒くなったり、梅雨の時期になると湿度が上がってベタベタしたり、季節の変動に影響されるようでは、性能に問題ありと考えてよいでしょう。

部屋や場所、時間、季節にも左右されず、快適な室温・湿度を保つなんて、そんなことできるのか、疑う人もいらっしゃるでしょう。もちろん、室温・湿度に関しても、しっかり数字を調べています。

207ページの図は2015年に測定した外気温（最高気温・最低気温）と、私の家のリビング、2階廊下・床表面、床下、屋根裏の温度です。

208ページの図は、同じ年の外気の湿度とリビング、床下の湿度です。

室温、湿度ともに、場所や季節が違っても、だいたい室温20～28℃、湿度40～60パーセ

2015年 外気温、リビング、
2階廊下・床表面、床下、屋根裏温度

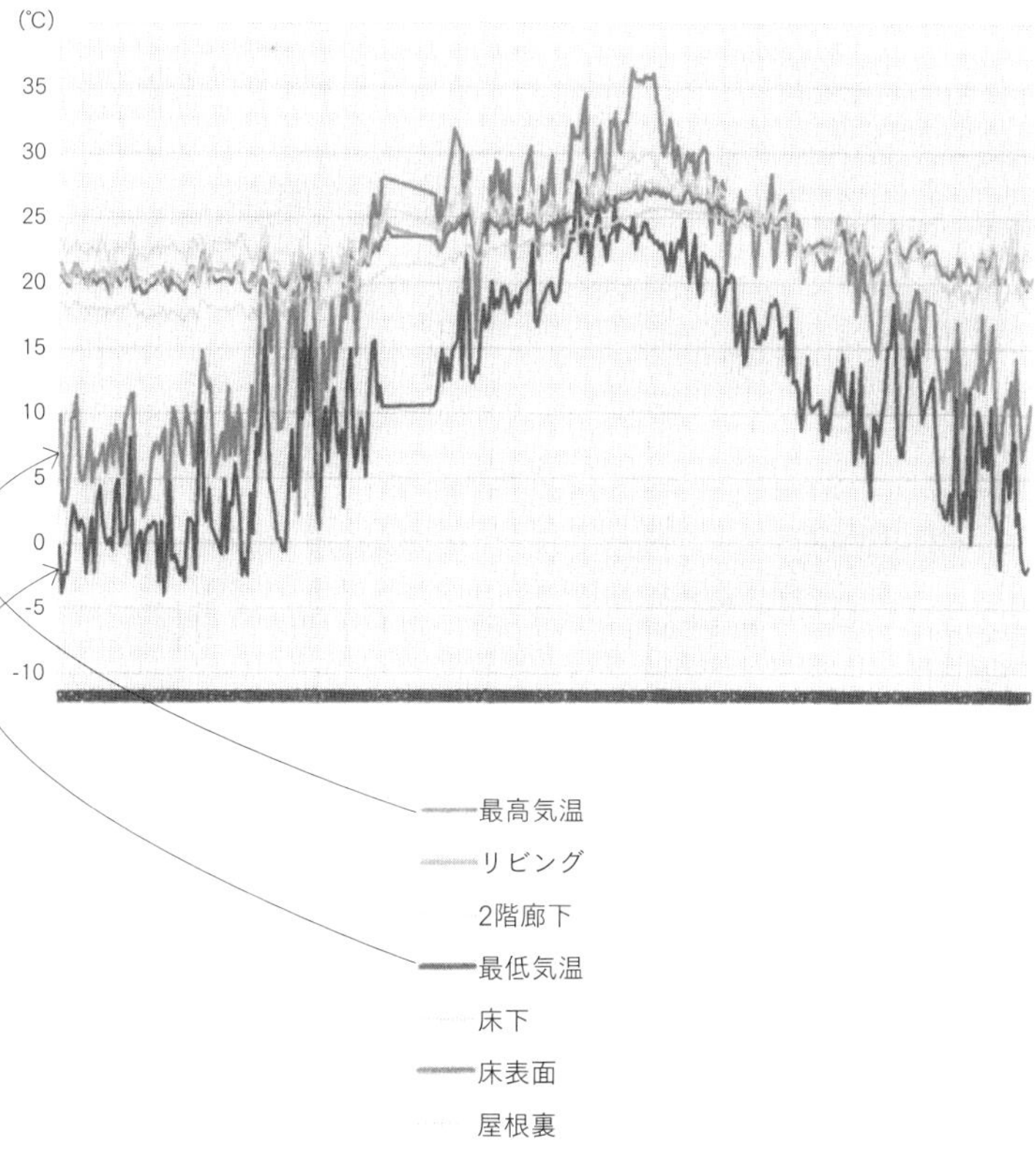

2015年 外気湿度、リビング、床下湿度

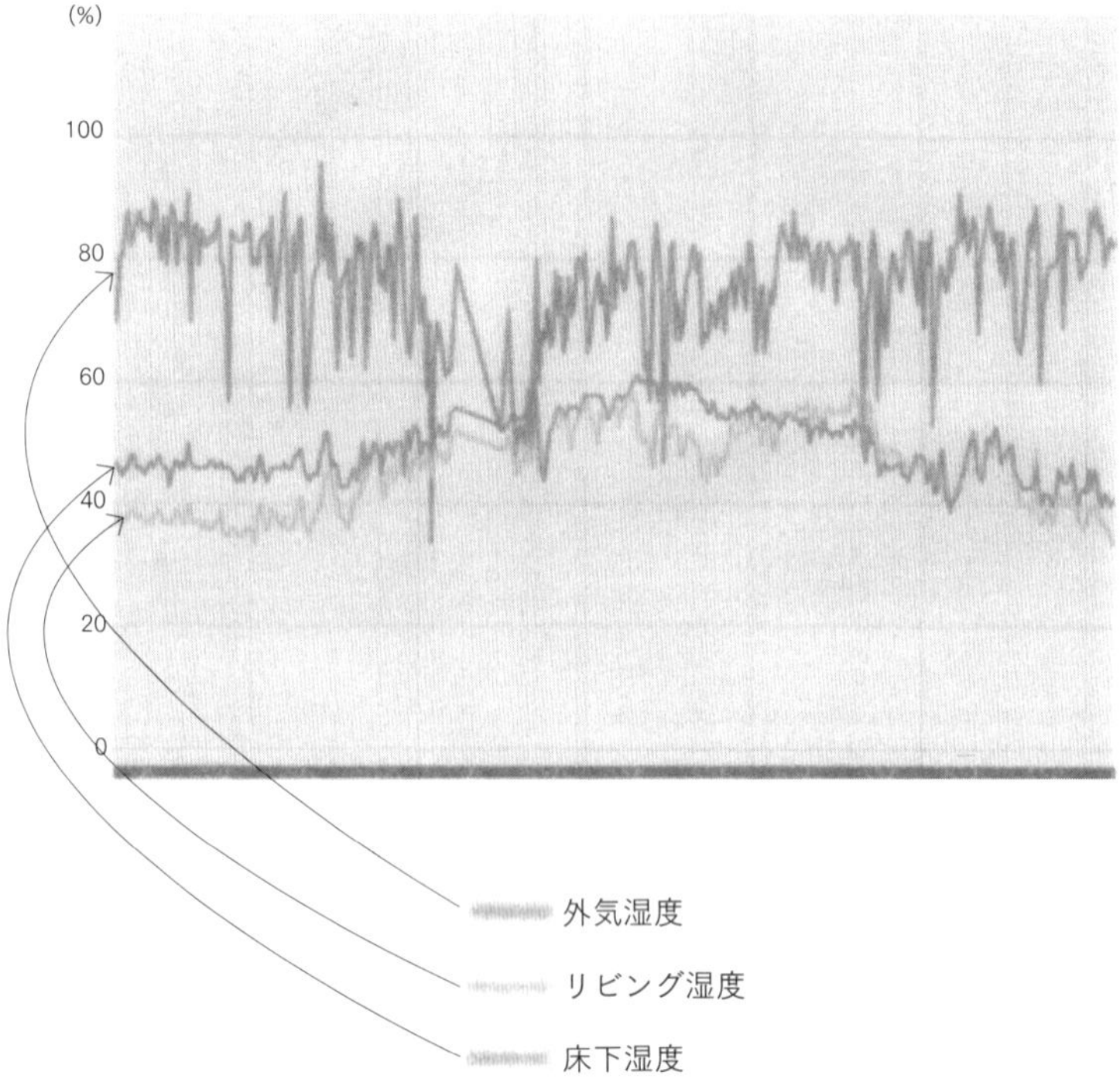

ントをキープしていることがおわかりでしょう。

さらに、入居7年目〜14年目にあたる2009年〜2016年までのリビングの温度・湿度のデータをまとめたのが210ページの図です。温度・湿度ともに適正範囲をキープしています。

これらの数字を見れば、一年中、家中の温度・湿度を快適に保つことは可能で、しかもそれを何年もキープできるということを理解していただけると思います。

▼どうすれば、適度な温度・湿度を保てる家が建つのか

では、なぜわが家が適度な室温・湿度を保てるのかというと、高気密であるのと同時に、高断熱で、家の熱をうまく逃がしたり、利用したりできる工法を採用しているからです。

それが、外断熱・二重通気工法です。

簡単に言うと、外壁と内壁の間に断熱材があり、外壁と断熱材の間、そして内壁と断熱材の間に空気の層をつくる工法です。内側の空気層は床下に続いていて、冬、床下の暖かい空気を家中に循環させ、室温が下がるのを防ぐことができます。

また、外側の空気層には、屋根のほうに通気口があり、夏、外の熱で温まった空気は、

2009年～2016年 リビング温度・湿度

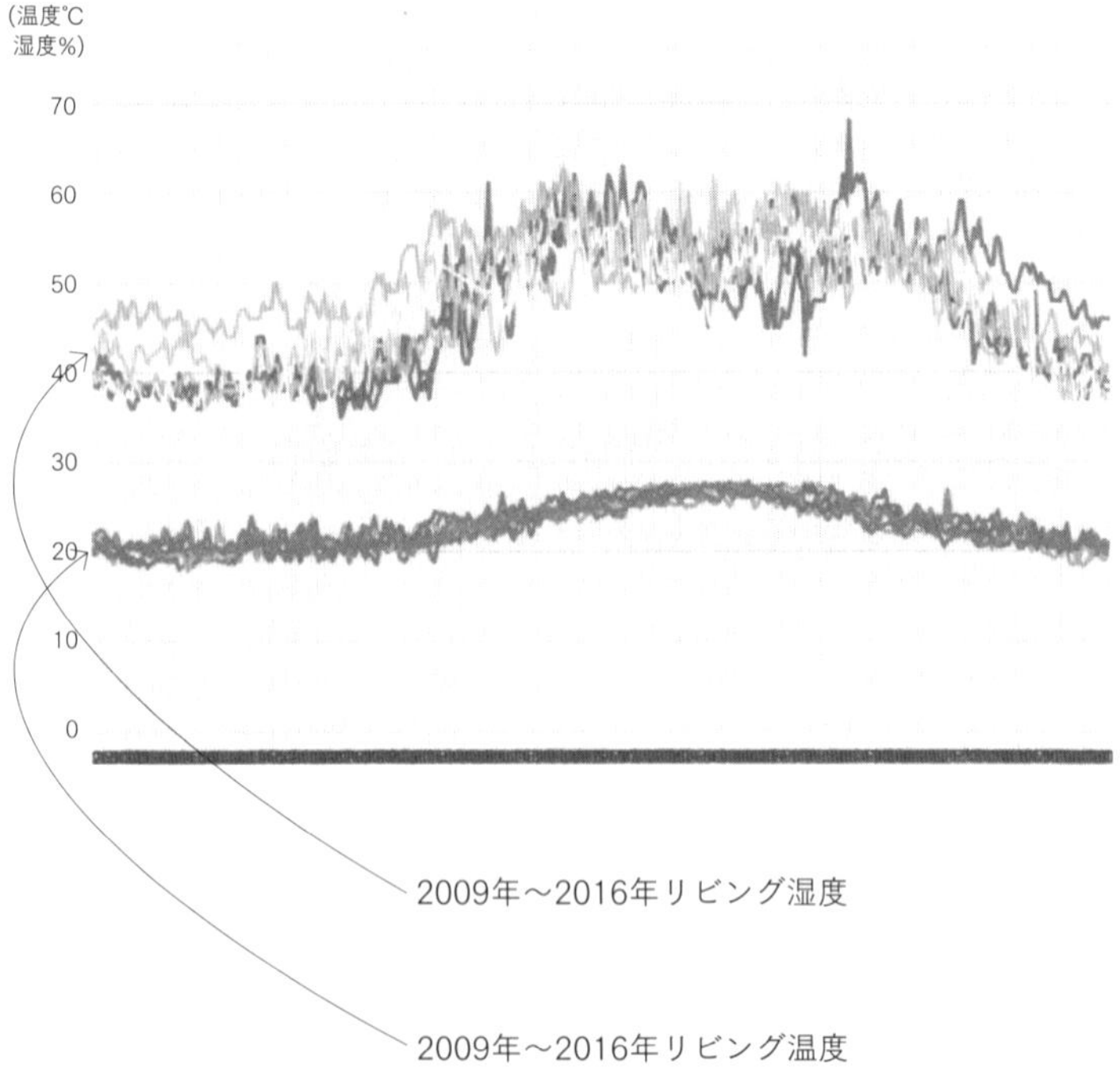

通気口から外へ排気されるため、家のなかへ夏の暑さが伝わりにくくなります。
そのため、夏涼しく、冬暖かく過ごすことができるのです。

また、私が採用している換気システムでは、熱交換機能・除湿機能も備わっています。そのため、冬、冷たい外気を、排気の熱で温めてから、室内に取り込めますし、湿度の高い時期には、給気を除湿することもできます。

さらに、床下には防水性を高める、私のこだわりの策があり、地下からの湿気が上がってくるのも防いでいます。

「夏は暑いのが当たり前」「梅雨はジメジメするもの」「冬、廊下やトイレ、脱衣所が寒いのは仕方がない」という考えは捨ててください。それは、いつの間にか植えつけられてしまった間違った常識です。きちんと対策や設備を整えれば、本当に夏涼しく、冬暖かい家を建てることはできます。

妥協することはありません。住み心地がよくて、長持ちして、健康に長生きできる家を手に入れてください。

あとがき

私は瓦葺《かわらぶ》き業を経て、51歳から住宅の仕事をはじめました。あまりに遅い参入でしたので、周囲からはずいぶん反対の声をもらったものです。

なぜそうまでして住宅業界に参入したのか？

それは、私自身が「家に守られてこなかったコンプレックス」の裏返しに他なりません。

中学生のとき台風で家が倒壊し、家族そろって必死の脱出。その後のプレハブ住宅での夏は暑く、冬は寒い暮らし。バリアフリーという言葉もない時代に約18年続いた父の介護。「家とは人を救い護るものではないのか？」という根本的な疑問が、私の人生には常にありました。そしてまた、実際はそうではない日本の家づくりに対するジレンマも。

それが半世紀の時を経て私を駆り立て、その後約20年間、残りの人生を「家族を守る家づくり」に捧げさせたということでしょう。


遅い参入ではありましたが、結果が出るのは早いものでした。

まずは自ら実証すべく、第一棟目として自宅を建てたところ、次女のアトピー性皮膚炎が入居2カ月目にして治まったのです。

その後私のお世話したお客様宅でも、アトピー・アレルギー・鼻炎・花粉症・高血圧などの大幅な改善・回復が相次ぎ、中には完治した人さえあります。他にも冷え性の改善など何らかの好転が必ず見られました。


しかし、同じ工法といえども性能・品質は同じではありません。外してはいけないポイントと、そのチェックが必要なのです。

この本を読まれることで、その基礎知識を得ていただき、ひとつでも多くの家族の笑顔が増える一助となれば、望外の喜びです。

最後に、私の「想い」を商業出版として世に出すにあたりお世話になった、株式会社プレスコンサルティングの樺木宏さんに、改めて感謝いたします。

また、「想い」を家という形にする際に欠かせないパートナーである、株式会社アリア建築工房さんと、有限会社一乗建設さんにも感謝申し上げます。

そして、これまでに多くのご協力、ご支援をいただいた方々にも厚く御礼申し上げます。

上郡　清政

有限会社住まいの権　http://www.sumainogon.com/index.html

上郡 清政（かみごおり・きよまさ）

１９５０年（昭和25年）６月25日生まれ。

兵庫県丹波市柏原町在住。

中学生の時、台風により自宅が倒壊。

その脆さと、移った仮設住宅の寒さから家に興味を持つ。

その後体験した父の18年間の看病で、さらに住環境のあり方に疑問を抱く。

その後異業種での活動を経て、一人でヨーロッパ諸国、東南アジア諸国の家を見て回り、
日本の住環境に危機感を覚え、家づくりの業界に参入を決意。

病気になりにくい家の方法論を確立し、その家づくりに精進する日々を送っている。

編集協力　小川 由希子
企画協力　株式会社プレスコンサルティング　樺木 宏

「病気《びょうき》にならない家《いえ》」6《むっ》つのルール

二〇一七年一〇月三〇日　初版第一刷発行

著　者　上郡《かみごおり》清政《きよまさ》

発行者　栗原武夫
発行所　KKベストセラーズ
〒170-8457
東京都豊島区南大塚2-29-7
電話03-5976-9121（代表）

印刷所　錦明印刷株式会社
製本所　株式会社積信堂
装　丁　JK

ISBN 978-4-584-13821-2 C0077